Adjektive mit der Endung „–bar“:

Etwas darbringend, hervorbringend: dank**bar**, frucht**bar**
Eine Möglichkeit: erkenn**bar**, brauch**bar**

B: 1. Er ist fahrbar.
2. Er ist lenkbar.
3. Es ist waschbar.
4. Sie sind dankbar.
5. Sie ist unheilbar.
6. Er ist dehnbar.
7. Sie ist strafbar.
8. Er ist schiffbar.
9. Sie sind eßbar.
10. Es ist trinkbar.
11. Sie ist fruchtbar.
12. Es ist wunderbar.
13. Er ist brauchbar.
14. Sie ist tragbar.

Wortbildung: Adjektive mit der Endung „–bar“

Bilden Sie Adjektive und beantworten Sie damit folgende Fragen:

B: 1. Wie nennt man einen Krankenstuhl, den man **fahren** kann?
2. Wie ist ein Schlitten, den man **lenken** kann?
3. Wie ist ein Kleid, das man selbst **waschen** darf?
4. Wie sind Menschen, die **sich bedanken?**
5. Wie ist eine Krankheit, die **nicht geheilt** werden kann?
6. Wie ist ein Stoff (z. B. Gummi), den man **dehnen** kann?
7. Wie ist eine Tat, die **gegen das Strafgesetz** verstößt?
8. Wie ist ein Fluß, auf dem **Schiffe fahren** können?
9. Wie nennt man Pilze, die man **essen** kann?
10. Wie ist Wasser, das man **trinken** darf?
11. Wie nennt man eine Landschaft, wo gute **Früchte** wachsen?
12. Wie ist etwas, das uns wie ein **Wunder** vorkommt?
13. Wie ist ein Gegenstand, den man gut **brauchen** kann?
14. Wie ist eine Bedingung, die man noch **ertragen** kann?

Adjektive mit den Endungen „-sam“ und „-haft“:

Mit einer Eigenschaft behaftet sein: bos**haft**, krank**haft**
Mit einer Eigenschaft verbunden sein, fähig sein: folg**sam**, furcht**sam**

B:
1. Er ist ein **arbeitsamer** und **strebsamer** Mensch.
2. Magst du auch ein **herzhaftes** Essen?
3. **Schwatzhafte** Frauen können einem auf die Nerven gehen.
4. Kann man in der antiautoritären Erziehung noch von **gehorsamen** Kindern sprechen?
5. Er hat einen **mangelhaften** und **fehlerhaften** Aufsatz geschrieben.
6. Welches Tier ist **furchtsam**, welches Tier ist **wachsam?**
7. Das Besteigen des Berges war eine **mühsame** Sache.
8. Seine Kenntnisse in Spanisch sind **lückenhaft.**
9. Verwöhnte Katzen sind **naschhafte** Haustiere.
10. Tante Edith erzählt gerne von ihren Erlebnissen. Sie ist ein **mitteilsamer** Mensch.

Wortbildung

Adjektive mit den Endungen „-sam“ und „-haft“

Vervollständigen Sie folgende Sätze:

B:
1. Er ist ein (arbeiten) und (streben) Mensch.
2. Magst du auch ein (Herz) Essen?
3. (schwatzen) Frauen können einem auf die Nerven gehen.
4. Kann man in der antiautoritären Erziehung noch von (gehorchen) Kinder– sprechen?
5. Er hat ein– (Mängel) und (Fehler) Aufsatz geschrieben.
6. Welches Tier ist (Furcht), welches Tier ist (Wache)?
7. Das Besteigen des Berges war ein– (Mühe) Sache.
8. Seine Kenntnisse in Spanisch sind (Lücken).
9. Verwöhnte Katzen sind (naschen) Haustiere.
10. Tante Edith erzählt gerne von ihren Erlebnissen. Sie ist ein (mitteilen) Mensch.

Adjektive mit der Endung „–isch":

Eine oft zu **tadelnde Eigenschaft,** ein **Verhalten:** heuchler**isch,** spött**isch.** Eine **Herkunft** oder eine **Zugehörigkeit:** span**isch,** fränk**isch.**

B:

1. Mein Mann ist ein **launischer** Mensch.
2. **Bayerisches** Bier ist in der ganzen Welt bekannt.
3. Unsere Nachbarn sind **zänkische** Leute.
4. Er hat eine**n** **herrischen** Ton an sich.
5. Er geht den ganzen Tag mit eine**m** **mürrischen** Gesicht umher.
6. Wir bevorzugen **französische** Weine.
7. Wann darf man **städtische** Verkehrsmittel kostenlos benutzen?
8. Heute bleiben wir zu Hause. Es herrscht ein **regnerisches** und **stürmisches** Wetter.
9. Morgen fahren wir in die Stadt. Wir essen in eine**m** **chinesischen** Restaurant.
10. Zu meinem Geburtstag wünsche ich mir eine**n** **westfälischen** Schinken.

Wortbildung

Adjektive mit der Endung „–isch"

Vervollständigen Sie folgende Sätze:

B:
1. Mein Mann ist ein (Laune) Mensch.
2. (Bayern) Bier ist in der ganzen Welt bekannt.
3. Unsere Nachbarn sind (Zank) Leute.
4. Er hat ein– (Herr) Ton an sich.
5. Er geht den ganzen Tag mit ein– (murren) Gesicht umher.
6. Wir bevorzugen (Frankreich) Weine.
7. Wann darf man (Stadt) Verkehrsmittel kostenlos benutzen?
8. Heute bleiben wir zu Hause. Es herrscht ein (Regen) und (Sturm) Wetter.
9. Morgen fahren wir in die Stadt. Wir essen in ein– (China) Restaurant.
10. Zu meinem Geburtstag wünsche ich mir ein– (Westfalen) Schinken.

Adjektive mit den Endungen „-e(r)n", „-los", „-reich" und „-voll":

Etwas ist aus Silber: silbern
Ohne Schmerzen: schmerz**los**
Reich an Kindern: kinder**reich**
Voller Hoffnung: hoffnungs**voll**

B: 1. Großvater trägt seine Taschenuhr an einer **goldenen** Uhrkette.
2. Die alte Frau lebt allein und ist völlig **hilflos.**
3. Schweden ist ein **wasserreiches** Land.
4. In modernen Industriestaaten gibt es nur noch wenig **kinderreiche** Familien.
5. Er schaut das Bild seiner Freundin **liebevoll** an.
6. Sie trägt einen **seidenen** Morgenrock.
7. Warum hast du nicht geschrieben? Du bist eine **treulose** Tomate.
8. In unserem Garten steht ein **steinerner** Brunnentrog.
9. Er starb eines **qualvollen** Todes.
10. Im Urlaub hatten wir 14 Tage **wolkenlosen** Himmel.

Wortbildung

Adjektive mit den Endungen „–en (–ern)", „–los", „–reich" und „–voll"

Bilden Sie Adjektive und vervollständigen Sie diese Sätze:

B:
1. Großvater trägt seine Taschenuhr an ein— (Gold) Uhrkette.
2. Die alte Frau lebt allein und ist völlig (ohne Hilfe).
3. Schweden ist ein (viel Wasser) Land.
4. In modernen Industriestaaten gibt es nur noch wenig (viel Kinder) Familien.
5. Er schaut das Bild seiner Freundin (mit Liebe) an.
6. Sie trägt ein– (Seide) Morgenrock.
7. Warum hast du nicht geschrieben? Du bist ein– (keine Treue) Tomate.
8. In unserem Garten steht ein (Stein) Brunnentrog.
9. Er starb eines (Qual) Todes.
10. Im Urlaub hatten wir 14 Tage (ohne Wolken) Himmel.

Adjektive mit den Vorsilben „un–“ und „miß–“:

Nicht gesund: ungesund
Nicht vergnügt, das Gegenteil: mißvergnügt

B:
1. Diese Anstrengung war **unnötig.**
2. Als Siegfried die Tarnkappe trug, war er **unsichtbar.**
3. Die Angestellte soll nie **unfreundlich** sein.
4. Er beschreibt den Hergang des Geschehens **unklar.**
5. Sie ist fast immer **mißmutig.**
6. Er ist ein **unliebenswürdiger** Mensch.
7. Er gibt **unüberlegte** Antworten.
8. Warum sprichst du so **undeutlich?**
9. Der Chef ist wieder einmal **mißgelaunt.**
10. Deine Antwort ist **mißverständlich.**

Wortbildung

Adjektive mit den Vorsilben „un–“ und „miß–“

Verändern Sie folgende Sätze, indem Sie neue Adjektive bilden und diese für den Satzbau verwenden:

B:

1. Diese Anstrengung war **nicht nötig.**
2. Als Siegfried die Tarnkappe trug, konnte man ihn **nicht sehen.**
3. Die Angestellte soll **immer freundlich** sein.
4. Er beschreibt den Hergang des Geschehens **nicht klar.**
5. Sie zeigt fast **nie frohen Mut.**
6. Er ist **kein liebenswürdiger** Mensch.
7. Er gibt Antworten, **ohne zu überlegen.**
8. Warum sprichst du **nicht deutlich?**
9. Der Chef ist wieder einmal **nicht gut gelaunt.**
10. Deine Antwort kann **falsch verstanden** werden.

Adjektive mit den Endungen „-ig“ und „-lich“:

B:

1. Ein hungriger Mann
2. Ein geduldiger Diener
3. Ein schmutziges Kind
4. Ein luftiges Plätzchen
5. Eine kräftige Frau
6. Der gestrige Abend
7. Ein mutiger Mensch
8. Der mächtige Gott

9. Ein königliches Mahl
10. Eine herrliche Landschaft
11. Ein rötlicher Himmel
12. Ein väterlicher Freund
13. Die tägliche Arbeit
14. Ein tödlicher Schuß
15. In südlicher Richtung
16. Eine menschliche Schwäche
17. Eine längliche Schale
18. Eine staatliche Anordnung
19. Ein zärtlicher Kuß
20. Ein kränklicher Mensch

Wortbildung

Adjektive mit den Endungen „-ig“ und „-lich“

Bilden Sie Adjektive:

B:

1.	Ein	(Hunger)	Mann
2.	Ein	(Geduld)	Diener
3.	Ein	(Schmutz)	Kind
4.	Ein	(Luft)	Plätzchen
5.	Eine	(Kraft)	Frau
6.	Der	(gestern)	Abend
7.	Ein	(Mut)	Mensch
8.	Der	(Macht)	Gott
9.	Ein	(König)	Mahl
10.	Eine	(Herr)	Landschaft
11.	Ein	(rot)	Himmel
12.	Ein	(Vater)	Freund
13.	Die	(Tag)	Arbeit
14.	Ein	(Tod)	Schuß
15.	In	(Süd)	Richtung
16.	Eine	(Mensch)	Schwäche
17.	Eine	(lang)	Schale
18.	Eine	(Staat)	Anordnung
19.	Ein	(zart)	Kuß
20.	Ein	(krank)	Mensch

Verben mit der Vorsilbe „er–“:

Kalt machen: erkalten
Blind werden: erblinden
Mit Erfolg finden: erfinden
Das Anfangen des Glockenklingens: erklingen, **er**schallen

B:
1. Über seine Witze haben wir uns **erheitert.**
2. Wer hat das Telephon **erfunden?**
3. Eine günstige Gelegenheit muß man sofort **ergreifen.**
4. Wenn man Luft zusammenpreßt, wird sie **erhitzt.**
5. Sein Arbeitseifer ist schon **erlahmt.**
6. Er muß sich jeden geringen Erfolg **erkämpfen.**
7. Kannst du diese Arbeit für mich **erledigen?**
8. Die alte Kirche muß dieses Jahr **erneuert** werden.
9. Herr Gunsenheimer wurde zum Oberpostrat **ernannt.**
10. Für die europäische Wirtschaft müssen neue Absatzmärkte **erschlossen** werden.

Wortbildung: Verben mit der Vorsilbe „er–“

Bilden Sie Sätze:

B:
1. Über seine Witze haben wir uns (heiter).
2. Wer hat das Telephon (finden)?
3. Eine günstige Gelegenheit muß man sofort (greifen).
4. Wenn man Luft zusammenpreßt, wird sie (Hitze).
5. Sein Arbeitseifer ist schon (lahm).
6. Er muß sich jeden geringen Erfolg (kämpfen).
7. Kannst du diese Arbeit für mich (ledig)?
8. Die alte Kirche muß dieses Jahr (neu) werden.
9. Herr Gunsenheimer wurde zum Oberpostrat (nennen).
10. Für die europäische Wirtschaft müssen neue Absatzmärkte (schließen) werden.

Verben mit der Vorsilbe „ent–":

Etwas wegnehmen, fortnehmen: entfernen
Einer flieht, geht weg: entfliehen, entkommen

B: 1. Unser Eisschrank muß **enteist** werden.
2. Die Großeltern haben das Kind seinen Eltern **entfremdet.**
3. Unser Wellensittich ist uns gestern **entflogen.**
4. Auf der Strecke Nürnberg-Treuchtlingen ist ein Güterzug **entgleist.**
5. Wissen Sie, wo Rhein und Donau **entspringen?**
6. Bevor Sie einen Golfball schlagen, müssen Sie sich zunächst **entspannen.**
7. Der Architekt hat einen Bauplan **entworfen.**

Wortbildung: Verben mit der Vorsilbe „ent–“

Bilden Sie Sätze:

B: 1. Unser Eisschrank muß (Eis) werden.
2. Die Großeltern haben das Kind sein– Eltern (fremd).
3. Unser Wellensittich ist uns gestern (fliegen).
4. Auf der Strecke Nürnberg-Treuchtlingen ist ein Güterzug (Gleis).
5. Wissen Sie, wo Rhein und Donau (springen)?
6. Bevor Sie einen Golfball schlagen, müssen Sie sich zunächst (spannen).
7. Der Architekt hat ein— Bauplan (werfen).

Verben mit der Vorsilbe „be–“:

Etwas geben: beschenken
Etwas (fest) machen: befestigen, **be**arbeiten
Achten auf: beachten (transitiv), sich **be**fassen mit

B: 1. Es macht große Freude, andere zu **beschenken.**
2. Das Photo ist zu hell. Er hat **den** Film zu lange **belichtet.**
3. Hast du **die** Rechnung schon **bezahlt?**
4. Warum **befolgst** du **die** Ratschläge deiner Eltern nicht?
5. Dieser Brief muß heute noch **beantwortet** werden.
6. Der Tourist muß **die** Einreisebestimmungen **beachten.**
7. Wenn **die** Oper **beendet** ist, gehen wir in ein Weinlokal.
8. Der Wirt hat kein Personal; er **bedient** seine Gäste selbst.
9. Dieser LKW ist zu hoch **beladen.**
10. Die Fernsehantenne muß auf dem Dach gut **befestigt** werden.

Wortbildung: Verben mit der Vorsilbe „be-“

Bilden Sie Sätze:

B: 1. Es macht große Freude, andere zu (schenken).
2. Das Photo ist zu hell. Er hat d— Film zu lange (Licht).
3. Hast du d— Rechnung schon (zahlen)?
4. Warum (folgen) du d— Ratschläge deiner Eltern nicht?
5. Dieser Brief muß heute noch (antworten) werden.
6. Der Tourist muß d— Einreisebestimmungen (achten).
7. Wenn d— Oper (enden) ist, gehen wir in ein Weinlokal.
8. Der Wirt hat kein Personal; er (dienen) sein– Gäste selbst.
9. Dieser LKW ist zu hoch (laden).
10. Die Fernsehantenne muß auf dem Dach gut (fest) werden.

Verben mit der Vorsilbe „ver–“:

Etwas fortschicken: **ver**schicken, **ver**senden
Etwas falsch lesen: sich **ver**lesen
Zu Ende gehen, ein Tier stirbt: **ver**klingen; **ver**enden
Etwas ändert sich: **ver**teuern, **ver**ändern
Eine negative Einstellung: **ver**achten, **ver**übeln
Etwas nicht erlauben: **ver**bieten, **ver**werfen
Etwas hinzufügen, besser machen: **ver**bessern, **ver**helfen

B: 1. **verteuert**
2. **verfeindet**
3. **verblutet**
4. **verdunkelt**
5. **verfault**
6. **verbauen**
7. **vergraben**
8. **verschrieben**
9. **verklungen**
10. **verfolgt**

Wortbildung: Verben mit der Vorsilbe „ver–“

Bilden Sie Sätze:

B:
1. Die Lebensmittel haben sich schon wieder (teuer).
2. Die Nachbarn haben sich wegen ihrer Kinder (Feind).
3. Der Verunglückte ist am Unfallort (bluten).
4. Wir wollen Dias an die Wand werfen. Das Zimmer muß (dunkel) werden.
5. Die herrlichen Birnen sind leider (faul).
6. Vor unserem Haus wird eine Fabrik gebaut. Sie (bauen) uns die Aussicht.
7. Die Räuber haben ihre Beute (graben).
8. Paß doch auf! Du hast dich schon wieder (schreiben).
9. Der letzte Ton des Liedes ist (klingen).
10. Die Wilddiebe werden von den Forstbeamten (folgen).

Verben mit der Vorsilbe „zer–“:

In kleine Stücke teilen: zerkleinern, **zer**schlagen, **zer**brechen.
Selbst auseinanderfallen: zerfallen, **zer**gehen, **zer**springen.

B:
1. Er hat das Fenster **zerbrochen.**
2. Die Butter **zergeht** in der heißen Pfanne.
3. Die Bomben haben die ganze Stadt **zerstört.**
4. Der Metzger **zerlegt** das Fleisch.
5. Die Katze hat dem Kind das Gesicht **zerkratzt.**
6. Der hungrige Wolf **zerreißt** das Lamm.
7. Der Bauer **zertrat** die Kartoffelkäfer.
8. Die Holzfäller **zersägten** den Stamm.
9. Die Motten haben das Wollkleid **zerfressen.**
10. Vor Ärger hat er sich die Haare **zerzaust.**

Wortbildung: Verben mit der Vorsilbe „zer–“

Bilden Sie Sätze:

B:
1. Er hat das Fenster (brechen).
2. Die Butter (gehen) in der heißen Pfanne.
3. Die Bomben haben die ganze Stadt (stören).
4. Der Metzger (legen) das Fleisch.
5. Die Katze hat dem Kind das Gesicht (kratzen).
6. Der hungrige Wolf (reißen) das Lamm.
7. Der Bauer (trat) die Kartoffelkäfer.
8. Die Holzfäller (sägten) den Stamm.
9. Die Motten haben das Wollkleid (fressen).
10. Vor Ärger hat er sich die Haare (zausen).

Zusammengesetzte Substantive:

Bestimmungswort und **Grundwort** ergeben zusammen ein neues Substantiv. Der **Artikel** richtet sich immer nach dem **Grundwort.** Die **Betonung** liegt auf dem **ersten Wort.**

B:

1. Der Zeichentisch
2. Das Wohnzimmer
3. Der Jagdhund
4. Das Einfamilienhaus
5. Die Hafenstadt
6. Das Kinderbett
7. Der Maschinenschlosser
8. Die Tischlampe
9. Der Bahnhofsplatz
10. Die Drahtseilbahn
11. Die Jugendherberge
12. Das Lesebuch
13. Das Schreibheft
14. Der Kühlschrank
15. Die Schreibmaschine
16. Der Schaukelstuhl

Anmerkung: Manche Zusammensetzungen erhalten einen **Bindelaut:**

er (Kinderbett)
s (Geburtstag)
n (Taschenlampe)
e (Bindewort)

Wortbildung: Substantive

Zusammengesetzte Substantive

Bilden Sie zusammengesetzte Substantive:

B:

1. Ein Tisch zum Zeichnen
2. Ein Zimmer zum Wohnen
3. Ein Hund für die Jagd
4. Ein Haus für eine Familie
5. Eine Stadt mit einem Hafen
6. Ein Bett für ein Kind
7. Ein Schlosser, der Maschinen baut
8. Eine Lampe für den Tisch
9. Der Platz vor dem Bahnhof
10. Eine Bahn an Seilen aus Draht
11. Eine Herberge für die Jugend
12. Ein Buch zum Lesenlernen
13. Ein Heft zum Schreiben
14. Ein Schrank zum Kühlen
15. Eine Maschine zum Schreiben
16. Ein Stuhl zum Schaukeln

Substantive — Die Vorsilben Ur–, Ge–, Un–:

Sehr alt, das Anfängliche: Ur– (Urgroßvater)
Viele Dinge einer Art: Ge– (Gewässer)
Das Gegenteil: Un– (Unehre)

B: 1. **Undank** ist der Welt Lohn.
2. Hat man auf dem Mond **Urgestein** gefunden?
3. Die Kinder machen heute wieder ein **Geschrei.**
4. Die Alpen sind das höchste **Gebirge** in Europa.
5. Wo gibt es noch undurchdringliche **Urwälder?**
6. **Unrecht** darf nicht geduldet werden.
7. Wir sind fünf **Geschwister.**
8. Als persönliche Standesnachweise muß man oft verschiedene **Urkunden** vorlegen.
9. Manche Menschen müssen immer **Unfrieden** stiften.
10. Diese Firma gehört den **Gebrüdern** Wank.

Wortbildung: Substantive

Die Vorsilben Ur–, Ge–, Un–

Bilden Sie Substantive:

B:
1. (danken) ist der Welt Lohn.
2. Hat man auf dem Mond (altes Gestein) gefunden?
3. Die Kinder machen heute wieder ein (schreien).
4. Die Alpen sind das höchste (Berge) in Europa.
5. Wo gibt es noch undurchdringliche (alte Wälder)?
6. (Recht) darf nicht geduldet werden.
7. Wir sind fünf (Schwestern und Brüder).
8. Als persönliche Standesnachweise muß man oft verschiedene (Kunde) vorlegen.
9. Manche Menschen müssen immer (Friede) stiften.
10. Diese Firma gehört den (zwei Brüder) Wank.

Substantive — Die Endungen –tum und –mut:

Eine Standesbezeichnung, eine Idee, eine Eigenschaft: –tum (Bürger**tum,** Irr**tum,** Reich**tum**)

Eine Eigenschaft: –mut (Groß**mut**)

B: 1. Das **Rittertum** entwickelte eine eigenständige Kultur.
2. Sachsen-Coburg-Gotha war bis zum Ende des ersten Weltkrieges ein **Herzogtum.**
3. In vielen Ländern der Erde herrscht bittere **Armut.**
4. Er zittert vor jeder Aufgabe. Sein **Kleinmut** ist beängstigend.
5. Kennen Sie das **Heiligtum** der Mohammedaner?
6. Sie liebt alle Menschen und sorgt für die Armen und Kranken. Ihre **Sanftmut** ist grenzenlos.
7. Dieses Schloß ist das **Besitztum** des Grafen.
8. Das mittelalterliche Stadtbild wurde durch das **Bürgertum** geprägt.
9. Viele Menschen wünschen sich **Reichtum.**
10. Das muß ein **Irrtum** sein.

Wortbildung: Substantive

Die Endungen –tum und –mut

Bilden Sie Substantive:

B:
1. Das (Ritter) entwickelte eine eigenständige Kultur.
2. Sachsen-Coburg-Gotha war bis zum Ende des ersten Weltkrieges ein (Herzog).
3. In vielen Ländern der Erde herrscht bittere (arm).
4. Er zittert vor jeder Aufgabe. Sein (klein) ist beängstigend.
5. Kennen Sie das (heilig) der Mohammedaner?
6. Sie liebt alle Menschen und sorgt für die Armen und Kranken. Ihre (sanft) ist grenzenlos.
7. Dieses Schloß ist das (besitzen) des Grafen.
8. Das mittelalterliche Stadtbild wurde durch das (Bürger) geprägt.
9. Viele Menschen wünschen sich (reich).
10. Das muß ein (irren) sein.

Substantive

Die Endungen –heit, –keit und –schaft:

Eine Gesamtheit: die Mensch**heit**
Eine Abstraktion: die Dankbar**keit**

Eine Gesamtheit: die Völker**schaft**
Eine Verbindung von Menschen: die Freund**schaft**

B: 1. Während meiner **Kindheit** hatte ich keine Sorgen.
2. Nichts geht über **die Gemütlichkeit** in einem gepflegten Haus.
3. Lieber den Tod, als in **der Knechtschaft** leben.
4. Wahre **Freundschaft** soll uns binden unser ganzes Leben lang.
5. Was verstehen Sie unter wahrer **Tapferkeit?**
6. Des Menschen höchstes Gut ist **die Gesundheit.**
7. Er hat doch noch **die Meisterschaft** erringen können.
8. **Dankbarkeit** ist für viele Menschen leider keine **Selbstverständlichkeit.**
9. Unsere **Mannschaft** hat den Wettkampf nicht gewinnen können.

Wortbildung: Substantive

Die Endungen –heit, –keit und –schaft

Vervollständigen Sie folgende Sätze:

B: 1. Während mein– (Kind) hatte ich keine Sorgen.
2. Nichts geht über d— (gemütlich) in einem gepflegten Haus.
3. Lieber den Tod, als in d— (Knecht) leben.
4. Wahre (Freund) soll uns binden unser ganzes Leben lang.
5. Was verstehen Sie unter wahrer (tapfer)?
6. Des Menschen höchstes Gut ist d— (gesund).
7. Er hat doch noch d— (Meister) erringen können.
8. (dankbar) ist für viele Menschen leider keine (selbstverständlich).
9. Unser– (Männer) hat den Wettkampf nicht gewinnen können.

Substantive — Die Endungen -ei und -ling:

Ein Betrieb, ein Geschäft: Bäckerei, Metzgerei.
Eine negativ bewertete Handlung: Kinderei, Liebelei.

Nicht als vollwertig bezeichnete Personen: Feigling, Lehrling.
Aber manchmal auch positiv: Liebling.

B:
1. Bier wird in einer **Brauerei** hergestellt.
2. Er hat mit ihr eine **Liebelei** angefangen.
3. Woher kommt der **Fremdling?**
4. Die Bauern liefern die Milch in **die Molkerei.**
5. Dein Hobby ist keine ernsthafte Arbeit, es ist nur eine **Spielerei.**
6. In **der Schreinerei** werden Möbel angefertigt.
7. Sie schreibt einen Brief an ihren **Liebling.**
8. Nimmt denn diese **Bettelei** kein Ende?
9. Im Gasthaus hat es gestern eine **Schlägerei** gegeben.
10. Er hat keine Kraft. Er ist ein **Schwächling.**

Wortbildung: Substantive

Die Endungen –ei und –ling

Vervollständigen Sie diese Sätze:

B:
1. Bier wird in ein— (brauen) hergestellt.
2. Er hat mit ihr ein– (lieben) angefangen.
3. Woher kommt der (fremd)?
4. Die Bauern liefern die Milch in d— (melken).
5. Dein Hobby ist keine ernsthafte Arbeit, es ist nur ein– (spielen).
6. In d— (Schreiner) werden Möbel angefertigt.
7. Sie schreibt einen Brief an ihr– (lieben).
8. Nimmt denn dies– (betteln) kein Ende?
9. Im Gasthaus hat es gestern ein– (schlagen) gegeben.
10. Er hat keine Kraft. Er ist ein (schwach).

Substantive – Die Endungen –e und –el:

Abstrakte Substantive haben oft die Endung **–e.** Auch die Namen der **Angehörigen** verschiedener **Völker** werden mit **–e** (Türke) gebildet.

Substantive mit der Endung **–el** bezeichnen meistens ein **Hilfsmittel** für ein **Tun** (Hobel).

B:
1. Ihr Haus hat aber eine wunderbare **Lage.**
2. Unser Garten liegt in **der Nähe** der Burg.
3. Haben Sie Ihren **Schlüssel** verloren?
4. Gestern habe ich mit einem **Chinesen** gesprochen.
5. Kann man **die Lehre** von Karl Marx in die Praxis umsetzen?
6. Wir müssen die Kiste zunageln. Wo ist **der Deckel?**
7. Wenn du den ersten Gang einschalten willst, mußt du **den Hebel** nach vorn drücken.
8. Bei dieser **Wärme** schwitzt man sich zu Tode.
9. Er hat Glück im Spiel. Er würfelt immer eine Sechs. Vielleicht hat er gefälschte **Würfel.**
10. Ein **Däne** hat die Segelregatta gewonnen.

Wortbildung: Substantive

Die Endungen –e und –el

Bilden Sie Substantive:

B: 1. Ihr Haus hat aber ein– wunderbar– (liegen).
2. Unser Garten liegt in d— (nah) der Burg.
3. Haben Sie Ihr– (schließen) verloren?
4. Gestern habe ich mit ein— (Mann aus China) gesprochen.
5. Kann man d— (lehren) von Karl Marx in die Praxis umsetzen?
6. Wir müssen die Kiste zunageln. Wo ist d— (decken)?
7. Wenn du den ersten Gang einschalten willst, mußt du d— (heben) nach vorn drücken.
8. Bei dies— (warm) schwitzt man sich zu Tode.
9. Er hat Glück im Spiel. Er würfelt immer eine Sechs. Vielleicht hat er gefälscht– (würfeln).
10. Ein (Mann aus Dänemark) hat die Segelregatta gewonnen.

Substantive

Die Endungen **–er, –ner, –ler, –erin, –lerin** bezeichnen eine Zugehörigkeit zu einer Gruppe.

B: 1. Der Fleischer zerhackt die Knochen.
2. Dieser Mann ist ein Lügner.
3. Ich bin gern mit Künst**lern** zusammen.
4. Gehst du heute wieder zur Schneid**erin**?
5. Richten sich die Europä**erinnen** wirklich nach der Pariser Mode?
6. Wieviele Gastarbeiter gibt es in der Bundesrepublik?
7. Jeder Sport**ler** möchte an den Olympischen Spielen teilnehmen.
8. Sie ist eine große Künst**lerin**.
9. Sind Sie eine Portug**iesin**?
10. Ist dieser Herr ein Afrikaner?

Wortbildung: Substantive

Die Endungen –er, –ner, –ler, –erin, –lerin

Setzen Sie Substantive in den Text ein:

B:
1. Der (Fleisch) zerhackt die Knochen.
2. Dieser Mann ist ein (lügen).
3. Ich bin gern mit (Kunst) zusammen.
4. Gehst du heute wieder zur (schneidern)?
5. Richten sich die (Europa) wirklich nach der Pariser Mode?
6. Wieviele (arbeiten als Gast) gibt es in der Bundesrepublik?
7. Jeder (Sport) möchte an den Olympischen Spielen teilnehmen.
8. Sie ist eine große (Kunst).
9. Sind Sie eine (Portugal)?
10. Ist dieser Herr (Afrika)?

Substantive

Die Endung –ung: Substantive mit der **Endung „–ung"** haben immer den Artikel **„die".** Sie drücken meistens ein **Handeln** oder den **Abschluß** einer **Handlung** aus.

B:

1. Sachdienliche **Meldungen** nimmt jede Polizeidienststelle entgegen.
2. **Die Versicherung** muß den Schaden bezahlen.
3. Der Arzt freut sich über **die Heilung** des Kranken.
4. Ich habe seit gestern eine neue **Wohnung.**
5. **Die Sitzung** des Stadtrates findet im Rathaus statt.
6. **Die Vorstellung** von Mozarts „Zauberflöte" findet in der Staatsoper statt.
7. Ich habe mir eine tüchtige **Erkältung** geholt.
8. Man darf nie **die Hoffnung** aufgeben.
9. Für **die Behebung** des Wasserrohrbruches sorgt der städtische Bauhof.
10. Können Sie **die Anleitung** für den Gebrauch dieses Apparates verstehen?

Wortbildung: Substantive

Die Endung -ung

Setzen Sie **Substantive** in den Text ein:

B:
1. Sachdienlich– (melden) nimmt jede Polizeidienststelle entgegen.
2. (versichern) muß den Schaden bezahlen.
3. Der Arzt freut sich über (heilen) des Kranken.
4. Ich habe seit gestern ein– neu– (wohnen).
5. (sitzen) des Stadtrates findet im Rathaus statt.
6. (vorstellen) von Mozarts „Zauberflöte“ findet in der Staatsoper statt.
7. Ich habe mir ein– tüchtig– (erkälten) geholt.
8. Man darf nie (hoffen) aufgeben.
9. Für (beheben) des Wasserrohrbruches sorgt der städtische Bauhof.
10. Können Sie (anleiten) für den Gebrauch dieses Apparates verstehen?

„wollen“:

Ein Plan, eine Absicht: Ich **will** nach Erfurt fahren.
Ein starker Wunsch: Er **will** ein Kind haben.
Eine Behauptung eines anderen, die man **bezweifelt:** Er **will** Minister gewesen sein.

Man **bezweifelt** die vorgegebene **Eigenschaft** eines anderen: Sie **wollen** ein gebildeter Mensch sein!

B: 1. Er **will** im Sommer an die See fahren.
2. Es **will** eine Armbanduhr haben.
3. Er **will** Kapitän gewesen sein?
4. Sie **wollen** ein feiner Herr sein?
5. Wir **wollen** ein Haus kaufen.
6. Er **will** ein Farbfernsehgerät haben.
7. Du **willst** mit dem Präsidenten gesprochen haben?
8. Sie **wollen** ein großer Künstler sein?

Die Verwendung der Modalverben

Bilden Sie Sätze mit **„wollen“**:

B: 1. Er hat den Plan, im Sommer an die See zu fahren.
2. Das Kind äußert den starken Wunsch, eine Armbanduhr zu haben.
3. Ich bezweifle sehr, daß er Kapitän war.
4. Sind Sie ein feiner Herr? Sie benehmen sich sehr unhöflich.
5. Wir haben die Absicht, ein Haus zu kaufen.
6. Er wünscht sich ein Farbfernsehgerät.
7. Deine Behauptung, mit dem Präsidenten gesprochen zu haben, erscheint unglaublich.
8. Sind Sie wirklich ein großer Künstler? Ihr Auftreten war aber nicht überzeugend.

„können“:

Eine Fähigkeit: Ich **kann** schwimmen.
Eine Möglichkeit: Wir **können** diese Leistung vollbringen.
Ein ziemlich sicherer Glaube: Morgen **kann** es wieder schön sein.
Ein unsicherer Glaube: Heute **könnte** Onkel Max kommen.
Es müßte eigentlich möglich sein: Er **könnte** mehr leisten.

„dürfen“:

Eine **Erlaubnis:** Du **darfst** hier rauchen.
Ein **Verbot:** Sie **dürfen** hier **nicht** die Straße überqueren.
Eine **Vermutung:** Er **dürfte** bald kommen.

B: 1. **kann**
2. **können**
3. **darfst**
4. **darf**
5. **kann**
6. **könnte**
7. **könnte (dürfte)**
8. **kann**

Die Verwendung der Modalverben „können" oder „dürfen"?

B: 1. Sie — gut kochen.
2. Wenn wir ein Taxi nehmen, — wir schon in zehn Minuten dort sein.
3. Du — heute zu deinen Freunden gehen.
4. In der Garage — man nicht rauchen.
5. Morgen — die Sonne wieder scheinen.
6. Er — wirklich mehr arbeiten.
7. Sabine ist um vier Uhr weggefahren. Sie — jetzt in Düsseldorf sein.
8. Nächstes Jahr — alles viel besser sein.

„müssen“:

a) **Zwang:** Alle Menschen **müssen** sterben.
b) **Notwendigkeit:** Wir **müssen** in die Stadt gehen, um einzukaufen.
c) Die **Überzeugung,** die man gewinnt: Er **muß** arm sein (weil er schlecht gekleidet ist).

Die Verneinung von „müssen“:

a) Ein **Gebot** wird **Verbot:** Auf der Autobahn **darf** man **nicht** unter 60 km/h fahren.
b) **Ohne Zwang:** Der Vater **muß** dem Kind die Eisenbahn **nicht** kaufen. (Hier wird „müssen“ besonders **betont)**
c) Der **ganze Satz** wird verneint: Wir **brauchen keine** Briefe **zu** schreiben.

B: 1. Ich **muß** ... holen (brauche ... kein Brot zu ...). 2. In England **muß** man links fahren (darf man nicht rechts ...). 3. Die Kinder **müssen** ... besuchen (brauchen ... nicht zu ...). 4. Der Matrose **muß** ... retten (braucht ... nicht zu retten). 5. Dieser Mann **muß** sehr reich sein (muß nicht sehr reich sein). 6. Die Hausangestellte **mußte** entlassen werden (sie mußte nicht ...). 7. Er **mußte** sich ... absparen. (brauchte nicht ... abzusparen). 8. Der Vater **muß** ... kaufen (muß nicht ...).

Die Verwendung der Modalverben

Bilden Sie Sätze mit **„müssen“** und **verneinen** Sie diese Sätze:

B: 1. Ich — heute noch ein Brot holen.
2. In England — man links fahren.
3. Es ist notwendig, daß die Kinder die Schule besuchen.
4. Eine innere Stimme sagt dem Matrosen, daß er den Schiffbrüchigen zu retten hat.
5. Ich bin überzeugt, daß dieser Mann sehr reich ist.
6. Es war unbedingt notwendig, daß die Hausangestellte entlassen wurde.
7. Er war gezwungen, sich jeden Pfennig vom Munde abzusparen.
8. Er ist sicher, daß ihm sein Vater ein Fahrrad zu kaufen hat.

„sollen“ wird verwendet:

1. wenn eine **dritte Person** einen **Befehl,** einen **Auftrag** oder einen **Wunsch** geäußert hat.
2. als **Ausdruck** einer **Pflicht** anderen Personen gegenüber, als **Gebot,** in der **indirekten Rede** für **Imperativsätze,** im **Konjunktiv Irrealis** als vorsichtige **Mahnung** und erstaunte **Frage.**
3. wenn man von **dritter Seite** etwas über einen anderen erfahren hat, man sich selbst aber nicht festlegen will.

B: 1. Er **soll** einen Meineid geleistet haben.
2. Ich **soll** den Gästen ein Lied vorspielen.
3. Der Meister ruft, daß Fritz sofort kommen **solle.**
4. Ein junger Mensch **soll** seinen Sitzplatz älteren Leuten anbieten.
5. Du **sollst** diesen Brief einwerfen.
6. **Sollte** er wirklich so dumm sein?
7. Wenn du nicht zur Prüfung kommen **solltest,** wirst du kein Zeugnis erhalten.
8. Herr Albrecht **soll** Millionär sein.

Die Verwendung der Modalverben

Bilden Sie Sätze mit **„sollen"**:

B: 1. Die Leute glauben, daß er einen Meineid geleistet habe.
2. Meine Mutter wünscht, daß ich den Gästen ein Lied vorspiele.
3. Der Meister ruft: „Fritz, komm sofort!"
4. Ein junger Mensch hat die Pflicht, seinen Sitzplatz älteren Leuten anzubieten.
5. Der Onkel hat dir den Auftrag gegeben, diesen Brief einzuwerfen.
6. Ist er wirklich so dumm?
7. Wenn du nicht zur Prüfung kommst, wirst du kein Zeugnis erhalten.
8. Man erzählt, daß Herr Albrecht Millionär sei.

Der Modalsatz mit „indem“:

Der Nebensatz mit **„indem“** erklärt uns, wie der **Sachverhalt des Hauptsatzes** zustandegekommen ist.

B: 1. Der Fuchs stillte seinen Hunger, **indem** er die Kaninchen und Mäuse fraß.
2. Manfred verhalf dem Bären zur Flucht, **indem** er die Tür des Schuppens offen ließ.
3. Er gewann das Kartenspiel, **indem** er eine falsche Karte verwendete.
4. Er eignet sich Wissen an, **indem** er gute Bücher liest.
5. Er verdiente mehr Geld, **indem** er zusätzlich arbeitete.
6. Man ehrte den Dichter, **indem** man ihm einen Preis verlieh.
7. Er wurde bekannt, **indem** er überall in der Öffentlichkeit auftrat.

Gliedsätze: Der **Modalsatz** mit **„indem“**

Bilden Sie Sätze mit der Konjunktion „indem“:

B: 1. Der Fuchs stillte seinen Hunger dadurch, daß er die Kaninchen und Mäuse fraß.
2. Manfred verhalf dem Bären dadurch zur Flucht, daß er die Tür des Schuppens offen ließ.
3. Er gewann das Kartenspiel dadurch, daß er eine falsche Karte verwendete.
4. Er eignet sich dadurch Wissen an, daß er gute Bücher liest.
5. Er verdiente dadurch mehr Geld, daß er zusätzlich arbeitete.
6. Man ehrte den Dichter dadurch, daß man ihm einen Preis verlieh.
7. Er wurde dadurch bekannt, daß er überall in der Öffentlichkeit auftrat.

B: 1. Bevor du einen zweiten Schuß abgibst, mußt du dein Gewehr **durchladen.**
2. Der Erntewagen steht in der Scheune. Alle helfen mit, das Stroh **abzuladen.**
3. Ich bin vom Gericht **vorgeladen** worden, weil ich Zeuge eines schweren Unfalls gewesen war.
4. Der Möbelwagen wird **ausgeladen;** dann werden die Möbelstücke in die neue Wohnung gebracht.
5. Der Lastwagen fährt ganz dicht an die Baugrube heran. Die Erde wird mit einem Schaufellader **aufgeladen.**
6. Nach der Jagd **entlädt** der Jäger seine Waffen.
7. Alle Fahrzeuge dürfen nur bis zur festgesetzten Höchstgrenze **beladen** werden.
8. Warum hast du mich nicht zu deinem Geburtstag **eingeladen?**
9. Vorsicht! Die Pistole ist **geladen.**
10. Auf dem Güterbahnhof werden die Waren von den Lastwagen in die Waggons **umgeladen.**

Die Wortfamilie „laden“

Setzen Sie folgende Wörter in den Text ein: abladen, aufladen, entladen, beladen, laden, umladen, einladen, ausladen, vorladen, durchladen.

B:
1. Bevor du einen zweiten Schuß abgibst, mußt du dein Gewehr —.
2. Der Erntewagen steht in der Scheune. Alle helfen mit, das Stroh —.
3. Ich bin vom Gericht — worden, weil ich Zeuge eines schweren Unfalls gewesen war.
4. Der Möbelwagen wird —; dann werden die Möbelstücke in die neue Wohnung gebracht.
5. Der Lastwagen fährt ganz dicht an die Baugrube heran. Die Erde wird mit einem Schaufellader —.
6. Nach der Jagd — der Jäger seine Waffen.
7. Alle Fahrzeuge dürfen nur bis zur festgesetzten Höchstgrenze — werden.
8. Warum hast du mich nicht zu deinem Geburtstag —?
9. Vorsicht! Die Pistole ist —.
10. Auf dem Güterbahnhof werden die Waren von den Lastwagen in die Waggons —.

Objektsätze: Der **Infinitiv mit „zu“** kann nicht nur gebraucht werden, wenn die **Subjekte** in beiden Sätzen **gleich** sind, sondern auch dann, wenn er sich auf das **Objekt** des **Hauptsatzes** bezieht. Stehen **zwei Infinitive** am Ende des Satzes, so muß **„zu“ zweimal** verwendet werden.

B: 1. Er beginnt, eine Fremdsprache **zu lernen.**
2. Das Kleinkind fängt an **zu gehen.**
3. Wir bitten dich, uns **zu besuchen.**
4. Ihre Eltern erlauben ihr, Ulrich **zu heiraten.**
5. Ich helfe dir, deinen Garten **umzugraben.**
6. Der Arzt hat ihm verboten **zu rauchen** und **zu trinken.**
7. Der Offizier befiehlt dem Soldaten, seine Uniform **sauberzumachen.**
8. Der Arbeiter bemüht sich, seine Aufgabe schnell **zu beenden.**
9. Die Verbrecher zwingen den Millionär, für seine entführte Tochter ein Lösegeld **herzugeben (zu bezahlen).**
10. Der Kommissar fährt fort, Fragen **zu stellen.**

Infinitivsätze: Objektsätze

Bilden Sie **Infinitivsätze:**

B:
1. Er beginnt mit dem Lernen einer Fremdsprache.
2. Das Kleinkind fängt mit dem Gehen an.
3. Wir bitten dich um einen Besuch.
4. Ihre Eltern erlauben ihr die Heirat mit Ulrich.
5. Ich helfe dir beim Umgraben deines Gartens.
6. Der Arzt hat ihm das Rauchen und das Trinken verboten.
7. Der Offizier befiehlt dem Soldaten das Saubermachen seiner Uniform.
8. Der Arbeiter bemüht sich um die schnelle Beendigung seiner Aufgabe.
9. Die Verbrecher zwingen den Millionär zur Hergabe eines Lösegeldes für die entführte Tochter.
10. Der Kommissar fährt mit dem Fragestellen fort.

Subjektsätze: Der Infinitiv mit „**zu**" wird oft für ein **Subjekt** gesetzt. Der Gliedsatz beginnt dann mit dem **grammatischen Subjekt „es"**. Das Komma wird nicht gesetzt, wenn der „zu"-Infinitiv allein ohne weitere Satzteile steht.

B: 1. Es ist schwer, immer die richtige Entscheidung **zu treffen.**
2. Es ist keine Kunst, **sich** gegen Schwächere **durchzusetzen.**
3. Es ist gesund, die Glieder des Körpers regelmäßig **zu betätigen.**
4. Es ist notwendig, über wichtige Probleme **zu diskutieren.**
5. Es ist möglich, schwierige Aufgaben gemeinsam **zu lösen.**
6. Es ist einfach, ohne Verantwortungsbewußtsein in der Gemeinschaft **zu leben.**
7. Ist es wirklich ratsam, Fernsehprogramme ohne Kritik **anzuschauen?**
8. Es ist traurig, so viele Lebensuntüchtige beobachten **zu müssen.**
9. Es ist unmöglich, große Leistungen ohne harte Arbeit **zu erreichen.**
10. Es ist nützlich, über die Not in der Welt **nachzudenken.**

Infinitivsätze: Subjektsätze

Vollenden Sie folgende Sätze:

B: 1. Es ist schwer, (treffen, immer, die richtige Entscheidung)
2. Es ist keine Kunst, (sich durchsetzen, gegen Schwächere)
3. Es ist gesund, (betätigen, die Glieder des Körpers, regelmäßig)
4. Es ist notwendig, (diskutieren, über wichtige Probleme)
5. Es ist möglich, (lösen, schwierige Aufgaben, gemeinsam)
6. Es ist einfach, (leben, in der Gemeinschaft, ohne Verantwortungsbewußtsein)
7. Ist es wirklich ratsam, (anschauen, Fernsehprogramme, ohne Kritik)?
8. Es ist traurig, (beobachten müssen, so viele Lebensuntüchtige)
9. Es ist unmöglich, (erreichen, große Leistungen, ohne harte Arbeit)
10. Es ist nützlich, (nachdenken, über die Not, in der Welt)

Der Infinitiv als Substantiv: Der **Infinitiv** kann als **Substantiv** verwendet werden. Er erhält den Artikel **„das"**, aber es gibt **keine Pluralbildung.**

B:
1. Die Kreide verwendet man **zum Schreiben** und **Zeichnen.**
2. Der Junge verletzte sich **beim Putzen** seines Fahrrades.
3. Ich hoffe auf **das Gelingen** meiner Pläne.
4. Wir lachen über **das Benehmen** dieser Herren.
5. Das Gesundheitsministerium kämpft gegen **das Einnehmen** von Drogen und Rauschmitteln.
6. Herr Werner wurde wegen **zu schnellen Fahrens** bestraft.
7. Seine Krankheit kommt von **zu vielem Trinken** und **Rauchen.**
8. Der Künstler erhielt ein Honorar für **das Vorlesen** einer modernen Erzählung.
9. Man kann sich durch **das Lesen** von Büchern und guten Zeitschriften fortbilden.
10. Ein Leistungssportler kann ohne **ständiges Üben** und **Trainieren** nicht vorwärtskommen.

Infinitivsätze: Der Infinitiv als Substantiv

Beantworten Sie folgende Fragen:

B:
1. Wozu verwendet man die Kreide? (schreiben, zeichnen)
2. Wobei verletzte sich der Junge? (putzen seines Fahrrades)
3. Worauf hoffst du? (gelingen meiner Pläne)
4. Worüber lacht ihr? (benehmen dieser Herren)
5. Wogegen kämpft das Gesundheitsministerium? (einnehmen von Drogen und Rauschmitteln)
6. Weswegen wurde Herr Werner bestraft? (zu schnell fahren)
7. Wovon kommt seine Krankheit? (zu viel trinken und rauchen)
8. Wofür erhielt der Künstler ein Honorar? (vorlesen einer modernen Erzählung)
9. Wodurch kann man sich fortbilden? (lesen von Büchern und guten Zeitschriften)
10. Ohne was kann ein Leistungssportler nicht vorwärtskommen? (ständig üben und trainieren)

B:

1. Der Diebstahl wurde dem bereits Vorbestraften **zugeschrieben.**
2. Die Sekretärin ist heute nervös. Sie hat **sich** schon einige Male **verschrieben.**
3. Herr Direktor Keller hat dem Roten Kreuz 1000,– DM als Spende überwiesen. Diesen Betrag darf er von seiner Steuer **abschreiben.**
4. Können Sie den Einbrecher **beschreiben?**
5. Bevor man Briefe **unterschreibt,** liest man sie gut durch.
6. Ich lasse mir von niemandem **vorschreiben,** was ich zu tun und zu lassen habe.
7. Fräulein Hagedorn, können Sie bitte sofort **mitschreiben?**
8. Die alte Tante hat ihr Haus ihrem Neffen **überschrieben.**
9. Ich muß mir noch Ihre Adresse **aufschreiben.**
10. In der Amtszeitung sind wieder Stellen **ausgeschrieben.**
11. Er hat **sich** mit Haut und Haar dem Sport **verschrieben.**
12. Die Lehrerin schreibt einen Text an die Tafel. Die Kinder **schreiben** ihn **ab.**

Die Wortfamilie „schreiben"

Setzen Sie folgende Wörter in den Text ein: abschreiben, sich verschreiben, unterschreiben, mitschreiben, ausschreiben, überschreiben, aufschreiben, vorschreiben, beschreiben, zuschreiben.

B:
1. Der Diebstahl wurde dem bereits Vorbestraften —.
2. Die Sekretärin ist heute nervös. Sie hat — schon einige Male —.
3. Herr Direktor Keller hat dem Roten Kreuz 1000,– DM als Spende überwiesen. Diesen Betrag darf er von seiner Steuer –.
4. Können Sie den Einbrecher —?
5. Bevor man Briefe —, liest man sie gut durch.
6. Ich lasse mir von niemandem —, was ich zu tun und zu lassen habe.
7. Fräulein Hagedorn, können Sie bitte sofort —?
8. Die alte Tante hat ihr Haus ihrem Neffen —.
9. Ich muß mir noch Ihre Adresse —.
10. In der Amtszeitung sind wieder Stellen —.
11. Er hat — mit Haut und Haar dem Sport —.
12. Die Lehrerin schreibt einen Text an die Tafel. Die Kinder — ihn —.

Verben mit den **Präpositionen „für“, „um“** und **„gegen“** verlangen den **Akkusativ.**

B: 1. Ich **bedanke mich für die** Glückwünsche.
2. Große Erfinder **kämpfen für den** Fortschritt.
3. Der Arzt **sorgt für den** Verletzten (**die** Verletzte, **die** Verletzten).
4. Der Kaufmann **garantiert für die** Qualität seiner Ware.
5. Der Meister **bemüht sich um eine** gute Ausbildung der Lehrlinge.
6. Die Dorfbewohner **hielten** das erste Auto **für ein** Teufelsfahrzeug.
7. Der Fischkutter **kämpft gegen das** wütende Meer und **den** heftigen Sturm.
8. Der Flugzeugmechaniker **kümmert sich um die** Triebwerke.
9. Der Fahrer **bittet** den Beifahrer **um einen** Schluck Kaffee.
10. Wir **trauern um den** Verstorbenen.
11. Die Eheleute **zanken sich um** Geld.
12. Die Kinder **streiten sich um einen** Apfel.

Verben mit den Präpositionen „für“, „um“ und „gegen“

Bilden Sie Sätze:

B: 1. Ich, sich bedanken, Glückwünsche.
2. Große Erfinder, kämpfen, Fortschritt.
3. Der Arzt, sorgen, Verletzte.
4. Der Kaufmann, garantieren, Qualität seiner Ware.
5. Der Meister, sich bemühen, gute Ausbildung der Lehrlinge.
6. Die Dorfbewohner, halten, das erste Auto, ein Teufelsfahrzeug.
7. Der Fischkutter, kämpfen, wütendes Meer und heftiger Sturm.
8. Der Flugzeugmechaniker, sich kümmern, Triebwerke.
9. Der Fahrer, bitten, Beifahrer, ein Schluck Kaffee.
10. Wir, trauern, Verstorbener.
11. Die Eheleute, sich zanken, Geld.
12. Die Kinder, sich streiten, ein Apfel.

Der **unbestimmte Artikel** steht dann, wenn man eine **Eigenschaft** eines Menschen besonders stark herausheben will **(Er war ein Mensch!)**, wenn ein **Substantiv** in einer **Behauptung allgemein** verwendet wird **(Ein Richter** muß gerecht urteilen.).

Keine Artikel stehen bei **allgemeinen Redewendungen (Elend und Not, Stück für Stück)**, bei **Stoffnamen (aus Papier), nach** den Hilfsverben **„sein“** und **„werden“** bei **Feststellungen** (Jetzt **ist Feierabend.)**, bei **Festtagsnamen (Ostern), nach** manchen **Präpositionen (vor Sorge, aus Not, bei Gott, zu Hause, nach Hause, zu Bett, in Güte).**

B: 1. Präsident Lincoln war **ein** Kämpfer für **die** Freiheit.
2. **Geld** allein macht nicht glücklich.
3. Die Möbel sind **aus Holz.**
4. Das Auto ist **aus Kunststoff.**
5. Bald ist **Weihnachten.**
6. Er kam wieder **ohne Bücher** in **die** Schule.
7. Der Flüchtling hat **Haus** und **Hof** verloren.
8. Er hat **den** Diebstahl **aus Not** begangen.
9. **Ein** Dichter liest und schreibt viel.
10. Das war **ein** Freund!
11. Heute ist **Mondfinsternis.**
12. Es wird **Ärger** geben.

Der Gebrauch der Artikel

Bestimmter Artikel, **unbestimmter** Artikel oder **kein** Artikel?

B:
1. Präsident Lincoln war – Kämpfer für – Freiheit.
2. – Geld allein macht nicht glücklich.
3. Die Möbel sind aus – Holz.
4. Das Auto ist aus – Kunststoff.
5. Bald ist – Weihnachten.
6. Er kam wieder ohne – Bücher in – Schule.
7. Der Flüchtling hat – Haus und – Hof verloren.
8. Er hat – Diebstahl aus – Not begangen.
9. – Dichter liest und schreibt viel.
10. Das war – Freund!
11. Heute ist – Mondfinsternis.
12. Es wird – Ärger geben.

Der **unbestimmte Artikel** steht bei **Substantiven,** die **nicht genau** bestimmt sind. Der **bestimmte Artikel** hat **hinweisenden (demonstrativen)** Charakter. Der **unbestimmte Artikel** steht auch **vor** einem **Substantiv,** das in einer Erzählung **zum erstenmal genannt** wird.

Berufsbezeichnungen und **Namen** haben **keinen Artikel. Ausnahmen: die** Schweiz, **die** Türkei, **die** Tschechoslowakei, **die** Niederlande u.a.

B: 1. Er hatte **eine** gefährliche Krankheit.
2. Zuerst wurde er **Buchhändler,** dann **Schauspieler.**
3. **Ein** Rabe flog auf **einen** Baum. **Der** Rabe hatte **ein** Stück Fleisch im Schnabel.
4. **Hikmet Baran** kommt aus **der** Türkei.
5. Erika will **Laborantin** werden.
6. Einmal verirrte sich **ein** Mädchen im Wald. **Das** Mädchen hatte keine Eltern mehr.
7. Im Winter verbringen wir unseren Urlaub in **der** Schweiz.
8. Zum Oktoberfest fahren viele Leute nach **München.**

Der Gebrauch der Artikel

Bestimmter Artikel, **unbestimmter** Artikel oder **kein** Artikel?

B: 1. Er hatte – gefährlich– Krankheit.
2. Zuerst wurde er – Buchhändler, dann – Schauspieler.
3. – Rabe flog auf – Baum. – Rabe hatte – Stück Fleisch im Schnabel.
4. – Hikmet Baran kommt aus – Türkei.
5. Erika will – Laborantin werden.
6. Einmal verirrte sich – Mädchen im Wald. – Mädchen hatte kein– Eltern mehr.
7. Im Winter verbringen wir unseren Urlaub in – Schweiz.
8. Zum Oktoberfest fahren viele Leute nach – München.

B:

1. Heute kann ich nicht zu euch kommen. Ich habe mir etwas anderes **vorgenommen.**
2. Das Wetter ist so schön. Wollen wir nichts **unternehmen?**
3. Ihre Kleider passen nicht mehr, weil sie zu dick geworden ist. Sie muß ein paar Kilo **abnehmen.**
4. Helene ist ganz schön rund geworden. Sie hat ziemlich **zugenommen.**
5. Warum willst du mich nicht zu dem Fest **mitnehmen?**
6. Der Kleintierhalter hat einen Hasen geschlachtet. Jetzt muß er ihn **ausnehmen.**
7. Die Bedingungen, die von dem Verhandlungspartner gestellt werden, können wir nicht **annehmen.**
8. In der Schule haben wir die Geschichte des Römischen Reiches **durchgenommen.**
9. Die Universität ist überfüllt. Es können keine Studenten mehr **aufgenommen** werden.
10. Er hat mich tief beleidigt. Das kann ich nicht ohne weiteres **hinnehmen.**

Die Wortfamilie „nehmen“

Setzen Sie folgende Wörter in den Text ein:
abnehmen, zunehmen, annehmen, durchnehmen, hinnehmen, aufnehmen, ausnehmen, mitnehmen, unternehmen, sich etwas vornehmen.

B:
1. Heute kann ich nicht zu euch kommen. Ich habe mir etwas anderes —.
2. Das Wetter ist so schön. Wollen wir nichts —?
3. Ihre Kleider passen nicht mehr, weil sie zu dick geworden ist. Sie muß ein paar Kilo —.
4. Helene ist ganz schön rund geworden. Sie hat ziemlich —.
5. Warum willst du mich nicht zu dem Fest —?
6. Der Kleintierhalter hat einen Hasen geschlachtet. Jetzt muß er ihn —.
7. Die Bedingungen, die von dem Verhandlungspartner gestellt werden, können wir nicht —.
8. In der Schule haben wir die Geschichte des Römischen Reiches —.
9. Die Universität ist überfüllt. Es können keine Studenten mehr — werden.
10. Er hat mich tief beleidigt. Das kann ich nicht ohne weiteres —.

Das Verb **„brauchen"** wird mit dem Infinitiv mit **„zu"** verwendet, wenn es zur Verneinung von „müssen" dient.

B: 1. Du **brauchst** heute **nicht** zur Post **zu gehen.**
2. Ich habe meinen Paß **nicht abzugeben brauchen.**
3. Er **brauchte** wegen falschen Parkens **kein** Bußgeld **zu bezahlen.**
4. Wir **brauchen** die Maschine **nicht zu ölen.**
5. Die Lehrlinge **brauchen** ihre schriftlichen Arbeiten **nicht abzugeben.**
6. Ihr **braucht** eure Mäntel **nicht anzuziehen.**
7. Wir haben die Lieferung **nicht fertigzustellen brauchen.**
8. Du **brauchst** mir **nicht zu danken.**
9. Sie **braucht** heute **nicht zu kochen.**
10. Ich **brauchte** die Schuhe **nicht zu putzen.**

„brauchen“ als Verneinung von „müssen“

Verneinen Sie folgende Sätze:

B: 1. Du mußt heute zur Post gehen.
2. Ich habe meinen Paß abgeben müssen.
3. Er mußte wegen falschen Parkens Bußgeld bezahlen.
4. Wir müssen die Maschine ölen.
5. Die Lehrlinge müssen ihre schriftlichen Arbeiten abgeben.
6. Ihr müßt eure Mäntel anziehen.
7. Wir haben die Lieferung fertigstellen müssen.
8. Du mußt mir danken.
9. Sie muß heute kochen.
10. Ich mußte die Schuhe putzen.

Unbestimmte Pronomen:

Sie bezeichnen **unbestimmte Personen** oder **Sachen.**
Einige werden **dekliniert,** z. B. ein**er**, ein**em**, jemand**em**, niemand**em**, jedermann**s**. **„Man, etwas, nichts"** werden **nicht gebeugt.**

B:

1. **Einer** wird kommen, dem werd' ich gehören.
2. Es gibt **nichts,** was er nicht wissen möchte.
3. **Man** glaubt mir nicht, obwohl ich die Wahrheit sage.
4. War **jemand** in deinem Zimmer? Nein, hier war **niemand.**
5. Kann ich **etwas** zu essen bekommen?
6. Er kann mit **niemand(em)** auskommen. Immer gibt es Streit.
7. In diesem Staat muß **jedermann** Steuern entrichten.
8. Dieser Stoffel grüßt **einen** nicht.
9. Ich habe **keinem (niemandem)** etwas getan.
10. Glaubst du, daß **man** mir zuhören wird?

Unbestimmte Pronomen

Setzen Sie **unbestimmte Pronomen** in den Text ein:
(einer, man, jedermann, jemand, niemand, etwas, nichts)

B: 1. – wird kommen, dem werd' ich gehören.
2. Es gibt –, was er nicht wissen möchte.
3. – glaubt mir nicht, obwohl ich die Wahrheit sage.
4. War – in deinem Zimmer? Nein, hier war –.
5. Kann ich – zu essen bekommen?
6. Er kann mit – auskommen. Immer gibt es Streit.
7. In diesem Staat muß – Steuern entrichten.
8. Dieser Stoffel grüßt – nicht.
9. Ich habe – etwas getan.
10. Glaubst du, daß – mir zuhören wird?

saugen, saugte, gesaugt; saugen, sog, gesogen	sich bewegen, bewegte, bewegt; bewegen, bewog, bewogen
bleichen, bleichte, gebleicht; bleichen, blich, geblichen	erschrecken, erschreckte, erschreckt; erschrecken, erschrak, erschrocken
hängen, hängte, gehängt; hängen, hing, gehangen	

B:
1. Der Vampir **hat** das Blut aus der Ader **gesogen.**
2. Die Tänzerin **hat sich** geschmeidig **bewegt.**
3. Die Friseuse **hat** die Haare der Dame **gebleicht.**
4. Der Junge **hat** sich hinter dem Baum versteckt und (hat) das kleine Mädchen **erschreckt.**
5. Ich **habe** den Schlüssel an das Schlüsselbrett **gehängt.**
6. Mit dem Staubsauger **hat** sie den Staub von den Polstermöbeln **gesaugt.**
7. Mein Freund **hat** mich **bewogen,** das Studium aufzugeben.
8. Die Bettwäsche **ist** unter den Sonnenstrahlen **geblichen.**
9. Das Kind **ist** vor dem Schornsteinfeger **erschrocken.**
10. Die Tasche **hat** an dem Haken **gehangen.**

Verben mit doppelter Zeitform

Setzen Sie folgende Sätze in das **Perfekt:**

B:
1. Der Vampir saugt das Blut aus der Ader.
2. Die Tänzerin bewegt sich geschmeidig.
3. Die Friseuse bleicht die Haare der Dame.
4. Der Junge versteckt sich hinter dem Baum und erschreckt das kleine Mädchen.
5. Ich hänge den Schlüssel an das Schlüsselbrett.
6. Mit dem Staubsauger saugte sie den Staub von den Polstermöbeln.
7. Mein Freund bewog mich, das Studium aufzugeben.
8. Die Bettwäsche bleicht unter den Sonnenstrahlen.
9. Das Kind erschrickt vor dem Schornsteinfeger.
10. Die Tasche hängt an dem Haken.

schaffen, schaffte, geschafft;
schaffen, schuf, geschaffen

wiegen, wiegte, gewiegt;
wiegen, wog, gewogen

schleifen, schleifte, geschleift;
schleifen, schliff, geschliffen

senden, sendete, gesendet;
senden, sandte, gesandt

wenden, wendete, gewendet;
sich wenden an, wandte, gewandt

B: 1. Der Maler **schuf** ein neues Gemälde.
2. Ich **sandte** einen Brief an meine Firma.
3. Der Großvater **wiegte** das Kind in der Wiege.
4. Er **wandte** sich an den Herrn Minister.
5. Der Bauer **schleifte** die Äste bis zu seinem Hof.
6. Der Arbeiter **schaffte** wie ein Roboter.
7. Die Rundfunkstation **sendete** das Zeitzeichen.
8. Der Metzger **wog** das Schwein, bevor er es kaufte.
9. Der Fahrer **wendete** den Lastwagen vor dem Fabriktor.
10. Der Meister **schliff** die alte Schere.

Verben mit doppelter Zeitform

Setzen Sie folgende Sätze in das **Präteritum:**

B: 1. Der Maler schafft ein neues Gemälde.
2. Ich sende einen Brief an meine Firma.
3. Der Großvater wiegt das Kind in der Wiege.
4. Er wendet sich an den Herrn Minister.
5. Der Bauer schleift die Äste bis zu seinem Hof.
6. Der Arbeiter schafft wie ein Roboter.
7. Die Rundfunkstation sendet das Zeitzeichen.
8. Der Metzger wiegt das Schwein, bevor er es kauft.
9. Der Fahrer wendet den Lastwagen vor dem Fabriktor.
10. Der Meister schleift die alte Schere.

B: 1. Hast du deinen Regenschirm verloren? Vielleicht ist er in dem (im) **Fundbüro** abgegeben worden.
2. Im Zylinder **befindet sich** der Kolben.
3. Wer hat das Automobil **erfunden?**
4. Erich weiß sich in jeder Lage zu helfen. Er ist ein **erfinderischer** Mensch.
5. Die meisten **Erfinder** lassen ihre Erfindungen patentieren.
6. Liebst du alten Schmuck? Dort ist ein Antiquitätengeschäft. Das ist eine wahre **Fundgrube.**
7. Der ältere Herr kann sich nicht damit **abfinden,** daß er seine Stellung verloren hat.
8. Ein Kind hatte sich verirrt und wurde halb erfroren im Wald **aufgefunden.**

Die Wortfamilie „finden“

Setzen Sie folgende Wörter in den Text ein: sich befinden, erfinden, abfinden, auffinden, die Fundgrube, erfinderisch, der Erfinder, das Fundbüro.

B: 1. Hast du deinen Regenschirm verloren? Vielleicht ist er im – abgegeben worden.
2. Im Zylinder – der Kolben.
3. Wer hat das Automobil –?
4. Erich weiß sich in jeder Lage zu helfen. Er ist ein – Mensch.
5. Die meisten – lassen ihre Erfindungen patentieren.
6. Liebst du alten Schmuck? Dort ist ein Antiquitätengeschäft. Das ist eine wahre –.
7. Der ältere Herr kann sich nicht damit –, daß er seine Stellung verloren hat.
8. Ein Kind hatte sich verirrt und wurde halb erfroren im Wald –.

B:
1. Wann **fährt** der Personenzug nach Unterkochen **ab?**
2. Der Pilot bereitet alles zur Landung vor und **fährt** das Fahrgestell **aus.**
3. Gestern ist in der Grabengasse eine alte Frau **überfahren (angefahren)** worden.
4. Auf der Autobahn München–Stuttgart geschah ein Massenunfall. Zwölf Autos **fuhren** aufeinander **auf.**
5. Die Polizei muß dem Autofahrer **nachfahren,** der Unfallflucht begangen hat.
6. Du kannst noch ein kleines Stück **zurückfahren,** aber dann mußt du halten.
7. Auf dem Marktplatz wurde ein Kind **angefahren.** Es kam mit dem Schrecken davon.
8. Darf ich bis Augsburg **mitfahren?**
9. Die Bauern müssen schnell das Heu **einfahren,** bevor das Gewitter kommt.
10. Die Straßen sind wenig **befahren.**

Die Wortfamilie „fahren"

Setzen Sie folgende Wörter in den Text ein: abfahren, befahren, ausfahren, einfahren, überfahren, mitfahren, auffahren, anfahren, nachfahren, zurückfahren.

B: 1. Wann – der Personenzug nach Unterkochen –?
2. Der Pilot bereitet alles zur Landung vor und – das Fahrgestell –.
3. Gestern ist in der Grabengasse eine alte Frau – worden.
4. Auf der Autobahn München–Stuttgart geschah ein Massenunfall. Zwölf Autos – aufeinander –.
5. Die Polizei muß dem Autofahrer –, der Unfallflucht begangen hat.
6. Du kannst noch ein kleines Stück –, aber dann mußt du halten.
7. Auf dem Marktplatz wurde ein Kind –. Es kam mit dem Schrecken davon.
8. Darf ich bis Augsburg –?
9. Die Bauern müssen schnell das Heu –, bevor das Gewitter kommt.
10. Die Straßen sind wenig –.

B: 1. **Mit was für einem** Herrn hast du gesprochen?
2. **Mit welchem** Hund darf ich nicht auf die Straße gehen?
3. **An welchen** Minister hat er geschrieben?
4. **Mit was für einem** Lied habt ihr die Feier begonnen?
5. **Um was für einen** Schluck bittet sie den Gastgeber?
6. **An was für einer** Krankheit leidet er?
7. **An welcher** Ecke hast du dich gestoßen?
8. **Vor welchem** Zahnarzt fürchtet sie sich?
9. **Über welchen** Reporter ärgert er sich?
10. **Auf was für eine** Reise freust du dich?

„Welch–?“ „Was für ein?“ + Präposition

Bilden Sie **Fragen** zu den **hervorgehobenen** Satzteilen:

B:
1. Ich habe **mit einem außergewöhnlich klugen** Herrn gesprochen.
2. **Mit dem scharfen** Hund darfst du nicht auf die Straße gehen.
3. Er hat **an den Wirtschafts**minister geschrieben.
4. Wir haben die Feier **mit einem Volks**lied begonnen.
5. Sie bittet den Gastgeber **um einen guten** Schluck.
6. Er leidet **an einer schlimmen** Krankheit.
7. Ich habe mich **an dieser** Ecke gestoßen.
8. Sie fürchtet sich **vor diesem** Zahnarzt.
9. Er ärgert sich **über den aufdringlichen** Reporter.
10. Ich freue mich **auf eine Welt**reise.

Unbestimmte Artikel vor Substantiven mit Attributen verlangen die Fragepronomen:

Was für ein? Was für eine? Was für einen? Was für einem? „Für" hat hier nicht die Funktion einer Akkusativpräposition.

B: 1. **Was für einen** Wagen hat Herr Kohl?
2. **Was für einem** Menschen dankt man?
3. **Was für eine** Frau ist sie?
4. **Was für ein** Haus kaufst du?
5. **Was für ein** Kabel holt er?
6. **Was für einen** Schrank kauft ihr?
7. **Was für eine** Hecke umgibt den Garten?
8. **Was für ein** Weg führt durch das Moor?
9. **Was für ein** Symbol ist der Schornsteinfeger?
10. **Was für ein** Fahrzeug ist der „Rover"?

„Was für ein? Was für eine? Was für einen? Was für einem?“

Bilden Sie **Fragen** zu den **hervorgehobenen** Satzteilen:

B: 1. Herr Kohl hat **einen eleganten** Wagen.
2. Man dankt **einem hilfsbereiten** Menschen.
3. Sie ist **eine komische** Frau.
4. Ich kaufe **ein vierstöckiges** Haus.
5. Er holt **ein längeres** Kabel.
6. Wir kaufen **einen antiken** Schrank.
7. **Eine Rosen**hecke umgibt den Garten.
8. **Ein schmaler** Weg führt durch das Moor.
9. Der Schornsteinfeger ist **ein Glücks**symbol.
10. Der „Rover“ ist **ein Mond**fahrzeug.

„Welcher? Welche? Welches? Welchen? Welchem?"

Es soll von **mehreren Personen** oder **Sachen** e i n e ausgewählt werden. **Demonstrativpronomen** (dieser, jener) und **bestimmte Artikel** vor Substantiven mit Attributen verlangen die Fragepronomen:

(de**r**) — welche**r**?	(de**n**) — welche**n**?
(da**s**) — welche**s**?	(de**m**) — welche**m**?
(di**e**) — welch**e**?	

B: 1. **Welcher** Herr hat dich gestern angesprochen?
2. **Welcher** Dame hast du den Brief gegeben?
3. **Welchem** Mann glaubt er nicht?
4. **Welchen** Hut will sie kaufen?
5. **Welches** Kleid möchte sie haben?
6. **Welche** Häuser müssen abgerissen werden?
7. **Welche** Qualität bevorzugst du?
8. **Welches** Bier trinkt er lieber?
9. **Welche** Hose zieht er zur Gartenarbeit an?
10. **Welches** Auto gefällt dir?

„Welcher? Welche? Welches? Welchen? Welchem?“

Bilden Sie **Fragen** zu den **hervorgehobenen** Satzteilen:

B: 1. **Dieser** Herr hat mich gestern angesprochen.
2. Ich habe **jener** Dame den Brief gegeben.
3. Er glaubt **dem vorbestraften** Mann nicht.
4. Sie will **den blauen** Hut kaufen.
5. Sie möchte **dieses** Kleid haben.
6. Diese **alten** Häuser müssen abgerissen werden.
7. Ich bevorzuge **die bessere** Qualität.
8. Er trinkt lieber **das stärkere** Bier.
9. Zur Gartenarbeit zieht er **die alte** Hose an.
10. **Jenes** Auto gefällt mir.

Adjektive mit Präpositionen:

Dativ: bleich **vor** (weiß **vor,** rot **vor**), frei **von,** überzeugt **von,** verschieden **von,** fähig (unfähig) **zu.**

Akkusativ: aufmerksam (machen) **auf,** böse **auf,** stolz **auf,** verliebt **in,** glücklich **über.**

B:
1. Darf ich Sie **auf diesen** Film **aufmerksam** machen?
2. Er wurde **bleich vor** Angst.
3. Warum seid ihr **böse auf die** Langhaarigen?
4. Nach dem Gewinn in der Lotterie war er **frei von** Not und Sorgen.
5. Die gute Mutter ist **stolz auf ihren** Sohn.
6. Der Richter ist **von der** Unschuld des Angeklagten **überzeugt.**
7. Heinz ist **in die** Tochter des Brauereibesitzers **verliebt.**
8. Ilse ist überhaupt nicht **verschieden von ihrer** Zwillingsschwester.
9. Ich bin **glücklich über deinen** Erfolg.
10. Der Vereinsvorstand ist **zu keinem vernünftigen** Satz **fähig.**

Adjektive mit Präpositionen

Setzen Sie die **Präposition** (+) und den **Artikel** ein:

B:
1. Darf ich Sie + dies— Film aufmerksam machen?
2. Er wurde bleich + Angst.
3. Warum seid ihr böse + – Langhaarigen?
4. Nach dem Gewinn in der Lotterie war er frei + Not und Sorgen.
5. Die gute Mutter ist stolz + ihr— Sohn.
6. Der Richter ist + – Unschuld des Angeklagten überzeugt.
7. Heinz ist + – Tochter des Brauereibesitzers verliebt.
8. Ilse ist überhaupt nicht verschieden + ihr— Zwillingsschwester.
9. Ich bin glücklich + dein– Erfolg.
10. Der Vereinsvorstand ist + kein— vernünftig— Satz fähig.

Adjektive mit Präpositionen:

Dativ: unzufrieden **mit,** voll **von,** freundlich **zu,** reich **an,** arm **an,** bekannt sein **mit,** fertig **mit.**

Akkusativ: froh **über,** neidisch **auf,** eifersüchtig **auf.**

B:
1. Er ist **mit der** Arbeit **unzufrieden.**
2. Der Schuppen ist **voll von** altem Gerümpel.
3. Herr Schmölzer war aber sehr **freundlich zu mir.**
4. Ich bin sehr **froh über dein** Fortkommen.
5. Er ist **reich an** Herz und Gemüt.
6. Sie ist **arm an** Geist und Verstand.
7. Bist du **mit dem** Sänger **bekannt?**
8. Seid ihr **mit dem** Ankleiden **fertig?**
9. Er ist **neidisch auf den** Sieg des Mannschaftskameraden.
10. Die Dame ist **auf** ihre gleichaltrige, schöne Freundin **eifersüchtig.**

Adjektive mit Präpositionen

Setzen Sie die **Präpositionen** (+) und den **Artikel** ein:

B: 1. Er ist + – Arbeit unzufrieden.
2. Der Schuppen ist voll + alt— Gerümpel.
3. Herr Schmölzer war aber sehr freundlich + (ich).
4. Ich bin sehr froh + dein— Fortkommen.
5. Er ist reich + Herz und Gemüt.
6. Sie ist arm + Geist und Verstand.
7. Bist du + – Sänger bekannt?
8. Seid ihr + – Ankleiden fertig?
9. Er ist neidisch + – Sieg des Mannschaftskameraden.
10. Die Dame ist + ihr– gleichaltrige, schöne Freundin eifersüchtig.

B: 1. Der **Vorverkauf** der Zirkuskarten für den 1. Mai hat begonnen.
2. Warum willst du dein Auto **verkaufen?** Es ist doch noch in Ordnung.
3. Frau Richter fährt mit dem Bus in die Stadt. Sie will **einkaufen.**
4. Kannst du mir das Fahrrad nicht **abkaufen?** Ich brauche Geld.
5. Dieses Gemälde ist leider **unverkäuflich.** Der Maler gibt es nicht her.
6. Der Antiquitätenhändler **kauft** alle alten Kunstgemälde **auf.**
7. Hamburg wird auch die Stadt der **Kaufleute** genannt.
8. Der Millionär bietet seiner dritten Frau viel Geld für eine Scheidung an. Er will sich von ihr **loskaufen.**
9. Der **Ausverkauf** bei der Firma Elektro-Hübner hat begonnen. Das Geschäft wird in vier Wochen für immer geschlossen.
10. Während des **Sommer-** und **Winterschlußverkaufes** kann man manchmal Qualitätsware billig kaufen.

Die Wortfamilie „kaufen"

Setzen Sie folgende Wörter in den Text ein: verkaufen, abkaufen, aufkaufen, loskaufen, der Ausverkauf, der Schlußverkauf, der Kaufmann (die Kaufleute), unverkäuflich, einkaufen, der Vorverkauf

B:
1. Der — der Zirkuskarten für den 1. Mai hat begonnen.
2. Warum willst du dein Auto —? Es ist doch noch in Ordnung.
3. Frau Richter fährt mit dem Bus in die Stadt. Sie will —.
4. Kannst du mir das Fahrrad nicht —? Ich brauche Geld.
5. Dieses Gemälde ist leider —. Der Maler gibt es nicht her.
6. Der Antiquitätenhändler — alle alten Kunstgemälde —.
7. Hamburg wird auch die Stadt der — genannt.
8. Der Millionär bietet seiner dritten Frau viel Geld für eine Scheidung an. Er will sich von ihr —.
9. Der — bei der Firma Elektro-Hübner hat begonnen. Das Geschäft wird in vier Wochen für immer geschlossen.
10. Während des Sommer– und Winter– kann man manchmal Qualitätsware billig kaufen.

B:

1. Man hat schon einige Beweise gefunden und glaubt fest daran, daß er den Mord begangen hat.
2. Wir kennen den Weg zum Gipfel nicht.
3. Die Soldaten wollen nicht mehr kämpfen.
4. Er weiß, daß er schuldig ist.
5. Die überarbeitete Frau braucht dringend Erholung.
6. Er denkt immer daran, daß seine Eltern für ihn gesorgt haben und immer für ihn da sind.
7. Ich weiß, daß ich Erfolg haben werde.
8. Er kann nicht lügen. Er ist immer ehrlich.
9. Die Gewerkschaften wollen nicht mehr länger warten. (z. B. warten auf neue Tarifverhandlungen)
10. Sie weiß, daß sie eine hohe Stellung hat, und sie zeigt das auch durch ihr Benehmen.

Adjektive mit dem Genitiv

Ersetzen Sie die **Sachverhalte** in folgenden Sätzen durch **gebräuchlichere Ausdrücke:**

B: 1. Er ist **des Mordes verdächtig.**
2. Wir sind **des Bergpfades unkundig.**
3. Die Soldaten sind **des Kämpfens müde.**
4. Er ist sich **seiner Schuld bewußt.**
5. Die überarbeitete Frau ist **der Erholung bedürftig.**
6. Er ist immer **der Fürsorge** seiner Eltern **eingedenk.**
7. Ich bin mir **meines Erfolges gewiß.**
8. Er ist **des Lügens unfähig.**
9. Die Gewerkschaften sind **des Hinhaltens müde.**
10. Sie ist sich **ihrer** hohen **Stellung** sehr **bewußt.**

Adjektive mit dem Genitiv:

Sie werden in der **Umgangssprache kaum verwendet**; man **ersetzt** sie durch **andere Ausdrücke.**

B: 1. Er ist sich seines guten Aussehens **bewußt.**
2. Ich bin mir meiner Sache **sicher.**
3. Er ist **des** Diebstahls **verdächtig.**
4. Sie ist **der** Hilfe **bedürftig.**
5. Er ist einer bösen Tat nicht **fähig.**
6. Der Förster ist **des** Weges **kundig.**
7. Der Boxer ist (sich) seines Sieges **gewiß.**
8. Ich bin **des** Schreibens **müde.**
9. Er ist **des** Betruges **schuldig.**
10. Er ist sich keiner Fehler **bewußt.**

Adjektive mit dem Genitiv

Ergänzen Sie die Endungen in folgenden Sätzen:

B: 1. Er ist sich sein— gut— Aussehen- bewußt.
2. Ich bin mir mein— Sache sicher.
3. Er ist — Diebstahl- verdächtig.
4. Sie ist — Hilfe bedürftig.
5. Er ist ein— bös— Tat nicht fähig.
6. Der Förster ist — Weg— kundig.
7. Der Boxer ist sein- Sieg— gewiß.
8. Ich bin — Schreiben- müde.
9. Er ist — Betrug— schuldig.
10. Er ist sich kein— Fehler bewußt.

Adjektive mit dem Akkusativ (Maße und Gewichte):

B: 1. Der Tisch ist **einen Meter lang.**

2. Das Kind ist **eine Woche alt.** Das Kind ist **einen Monat alt.** Das Kind ist **ein Jahr alt.**
3. Die Holzplatte ist **einen Zentimeter dick.**
4. Der Graben ist **einen Meter und fünfzig Zentimeter tief.**
5. Die Garage ist **zwei Meter und dreißig Zentimeter hoch.**
6. Der Sack mit den Kartoffeln ist **einen Zentner (50 kg) schwer.**
7. Peter ist **einen Monat, zwei Wochen und vier Tage alt.**
8. Der Gartenweg ist **einen Meter und sechzig Zentimeter breit.**
9. Ich bin **einen Meter und fünfundsiebzig Zentimeter groß.**
10. Bis zum Marktplatz ist es **genau einen Kilometer weit.**

Adjektive mit dem Akkusativ

Beantworten Sie folgende Fragen:

B: 1. Wie lang ist der Tisch? (1 m)
2. Wie alt ist das Kind? (1 Woche, 1 Monat, 1 Jahr)
3. Wie dick ist die Holzplatte? (1 cm)
4. Wie tief ist der Graben? (1 m, 50 cm)
5. Wie hoch ist die Garage? (2 m, 30 cm)
6. Wie schwer ist der Sack mit den Kartoffeln? (1 Zentner)
7. Wie alt ist Peter? (1 Monat, 2 Wochen, 4 Tage)
8. Wie breit ist der Gartenweg? (1 m, 60 cm)
9. Wie groß bist du? (1 m, 75 cm)
10. Wie weit ist es bis zum Marktplatz? (genau 1 km)

B: 1. Eine Flasche mit frischer Kindernahrung ist **dem** Kleinkind sehr **bekömmlich.**
2. Ist **dir bekannt,** daß sich Wissenschaftler mit Delphinen über Funk verständigen können?
3. Der Blindenhund ist sein**em** arm**en** Herr**n** **treu.**
4. Das Tier ist **euch** für etwas Liebe **dankbar.**
5. Es ist **mir** sehr **recht,** wenn du mich zum Bahnhof bringst.
6. Ist es **euch angenehm,** wenn wir morgen abend zu euch kommen?
7. Der große Laufvogel ist **dem** Strauß sehr **ähnlich.**
8. Hast du schon einmal darüber nachgedacht, ob die Industrialisierung **den** Menschen **nützlich** ist?
9. Bitte seid **mir** doch bei meiner Aufgabe **behilflich!**
10. Alle Kinder sind **dem** gerecht**en** Lehrer gleich **lieb.**

Adjektive mit dem Dativ

Ergänzen Sie die Endungen in folgenden Sätzen:

B:
1. Eine Flasche mit frischer Kindernahrung ist — Kleinkind sehr bekömmlich.
2. Ist (du) bekannt, daß sich Wissenschaftler mit Delphinen über Funk verständigen können?
3. Der Blindenhund ist sein— arm— Herr– treu.
4. Das Tier ist (ihr) für etwas Liebe dankbar.
5. Es ist (ich) sehr recht, wenn du mich zum Bahnhof bringst.
6. Ist es (ihr) angenehm, wenn wir morgen abend zu euch kommen?
7. Der große Laufvogel ist — Strauß sehr ähnlich.
8. Hast du schon einmal darüber nachgedacht, ob die Industrialisierung — Menschen nützlich ist?
9. Bitte seid (ich) doch bei meiner Aufgabe behilflich!
10. Alle Kinder sind — gerecht— Lehrer gleich lieb.

B:

1. Der Passagier war seekrank. Er mußte **sich übergeben.**
2. Wer viel Besitz hat, könnte den anderen etwas **abgeben.**
3. Du hast schon wieder dein Taschengeld **ausgegeben.**
4. Warum wollen Sie den Diebstahl nicht **zugeben?** Wir haben ausreichende Beweise gegen Sie.
5. Die Königin **begibt sich (begab sich)** in das Opernhaus.
6. Der Klügere **gibt nach.** Er streitet nicht.
7. Die Telefonistin **gibt** eine wichtige Meldung **durch.**
8. Gott **vergibt** uns unsere Schuld, wie wir **vergeben** unseren Schuldigern.
9. Der Reiche **hat sich** mit Prunk und Glanz **umgeben.**
10. Die liebende Frau **gibt sich** dem Geliebten **hin.**

Die Wortfamilie „geben"

Setzen Sie folgende Wörter in den Text ein: abgeben, ausgeben, sich begeben, durchgeben, sich hingeben, sich umgeben mit, vergeben, nachgeben, zugeben, sich übergeben.

B: 1. Der Passagier war seekrank. Er mußte sich —.
2. Wer viel Besitz hat, könnte den anderen etwas —.
3. Du hast schon wieder dein Taschengeld —.
4. Warum wollen Sie den Diebstahl nicht —? Wir haben ausreichende Beweise gegen Sie.
5. Die Königin — — in das Opernhaus.
6. Der Klügere — —. Er streitet nicht.
7. Die Telefonistin — eine wichtige Meldung —.
8. Gott — uns unsere Schuld, wie wir — unseren Schuldigern.
9. Der Reiche — — mit Prunk und Glanz —.
10. Die liebende Frau — — dem Geliebten —.

Verben mit den Präpositionen „vor" und „von" (DATIV):

B: 1. Der Bankräuber fürchtet sich **vor seiner** Festnahme.
2. Die Bevölkerung wird von der Polizei **vor dem** Betrüger gewarnt.
3. Die Fahrgäste haben **von dem** Kapitän gesprochen.
4. Die Zeitungen haben **von der** UNO-Vollversammlung berichtet.
5. Die Räuber wurden **von ihren** Freunden aus dem Gefängnis befreit.
6. Der ungezogene Junge hat **vor dem** Nikolaus Angst.
7. Die Überlebenden erzählten **von dem** Unglück.
8. Die Fernfahrer sprechen **von dem besten** Rasthaus an dieser Strecke.
9. Der Bauer rettete das kleine Kind **vor dem** Ertrinken.
10. Das Militär soll das Land **vor dem** Angreifer schützen.

Verben mit den Präpositionen „vor“ und „von“

Beantworten Sie folgende Fragen:

B:
1. Wovor fürchtet sich der Bankräuber? (die Festnahme)
2. Vor wem wird die Bevölkerung von der Polizei gewarnt? (Betrüger)
3. Von wem haben die Fahrgäste gesprochen? (Kapitän)
4. Wovon haben die Zeitungen berichtet? (UNO-Vollversammlung)
5. Von wem wurden die Räuber aus dem Gefängnis befreit? (ihre Freunde)
6. Vor wem hat der ungezogene Junge Angst? (Nikolaus)
7. Wovon erzählten die Überlebenden? (Unglück)
8. Wovon sprechen die Fernfahrer? (das beste Rasthaus an dieser Strecke)
9. Wovor rettete der Bauer das kleine Kind? (das Ertrinken)
10. Vor wem soll das Militär das Land schützen? (der Angreifer)

B: 1. Wir müssen ihn vom Bahnhof **abholen.**
2. Die beiden Raufbolde haben Streit. Der eine **holt** schon **aus.**
3. Ich muß den versäumten Unterrichtsstoff **nachholen.**
4. Wie kann man **sich** am Strand **erholen,** wenn man den ganzen Tag das Radio auf voller Lautstärke laufen läßt?
5. Inge und Ursula sind schon weggefahren. Ob wir sie noch **einholen** können?
6. Laut Straßenverkehrsordnung ist das **Überholen** an unübersichtlichen Stellen der Straße verboten.
7. Der Teufel soll dich **holen!**
8. Der Trainer sagt zu seinem Assistenten: **„Holen** Sie alle Spieler **herbei!"**
9. Kann man den Rückstand wieder **aufholen?**
10. Knut öffnet seine Arbeitstasche und **holt** ein dickes Butterbrot **hervor (heraus).**

Die Wortfamilie „holen"

Setzen Sie folgende Wörter in den Text ein: abholen, sich erholen, nachholen, aufholen, überholen, hervorholen, herbeiholen, holen, einholen, ausholen.

B: 1. Wir müssen ihn vom Bahnhof –.
2. Die beiden Raufbolde haben Streit. Der eine – schon –.
3. Ich muß den versäumten Unterrichtsstoff –.
4. Wie kann man – am Strand –, wenn man den ganzen Tag das Radio auf voller Lautstärke laufen läßt?
5. Inge und Ursula sind schon weggefahren. Ob wir sie noch – können?
6. Laut Straßenverkehrsordnung ist das – an unübersichtlichen Stellen der Straße verboten.
7. Der Teufel soll dich –!
8. Der Trainer sagt zu seinem Assistenten: „– Sie alle Spieler –!"
9. Kann man den Rückstand wieder –?
10. Knut öffnet seine Arbeitstasche und – ein dickes Butterbrot –.

Man verwendet **das Futur** auch als **Ersatzform** für **modale Hilfsverben:**

1. Person ich will, ich kann, ich werde: **ein Wollen, eine Absicht**
2. Person du sollst, du mußt, du wirst: **ein Zwang, ein Befehl**
3. Person er dürfte, er könnte, er wird: **eine Vermutung**

B: 1. Ich **kann** dir das Geld leihen.
2. Ich **will** in Zukunft ordentlicher schreiben.
3. Du **sollst** deine Hände waschen.
4. Ihr **müßt** jetzt ins Bett gehen.
5. Hans **dürfte** inzwischen in Bremen angekommen sein.
6. Dieser Mantel **dürfte** etwa 150,– DM kosten.
7. Die Bauarbeiten an der Tiefgarage **könnten (dürften)** im Mai beendet sein.
8. Du **sollst** Kartoffeln aus dem Keller holen.

Der Gebrauch des Futurs

Setzen Sie für das **Futur** folgende **modale Hilfsverben** ein:
wollen, können, sollen, müssen, dürfen.

B: 1. Ich werde dir das Geld leihen.
2. Ich werde in Zukunft ordentlicher schreiben.
3. Du wirst sofort deine Hände waschen.
4. Ihr werdet jetzt ins Bett gehen.
5. Hans wird inzwischen in Bremen angekommen sein.
6. Dieser Mantel wird etwa 150,– DM kosten.
7. Die Bauarbeiten an der Tiefgarage werden im Mai beendet sein.
8. Du wirst jetzt Kartoffeln aus dem Keller holen.

Wir verwenden das **Futur,** wenn wir **sicher** sind, daß etwas **ganz bestimmt** geschehen wird.

Wird der Sachverhalt, der sich **in der Zukunft** abspielt, durch **Zeitangaben** betont, so verwenden wir **nicht** das **Futur,** sondern das **Präsens.**

B:
1. Ilse **wird** den Lufthansapiloten heiraten.
2. Wir **fahren** nächstes Jahr nach Italien.
3. Uwe **wird** den Wettlauf gewinnen.
4. Grete **fliegt** übermorgen nach New York.
5. Ich **werde** dich besuchen.
6. In drei Monaten **machen** wir eine Reise nach Zentralafrika.
7. Ich **werde** die Jägerprüfung bestehen.
8. Der Dampfer **fährt** morgen früh um 11 Uhr ab.
9. Nach 10 Tagen **beginnen** die Ferien.
10. Er **wird** sein Haus verkaufen.

Der Gebrauch des Futurs

Bilden Sie Sätze! **Entscheiden Sie sich** für das **Futur** oder für das **Präsens!**

Die **Sachverhalte** sollen alle **zukunftsbezogen** sein!

B:
1. Ilse, heiraten, Lufthansapilot.
2. Wir, fahren, Italien, nächstes Jahr.
3. Uwe, gewinnen, Wettlauf.
4. Grete, fliegen, übermorgen, New York.
5. Ich, dich, besuchen.
6. Wir, machen Reise, Zentralafrika, in drei Monaten.
7. Ich, bestehen, Jägerprüfung.
8. Der Dampfer, abfahren, um 11 Uhr, morgen früh.
9. Nach 10 Tagen, Ferien, beginnen.
10. Er, sein Haus, verkaufen.

B: 1. **Kennen** Sie die Regeln des Fußballspiels?
2. Nein, ich **kenne** sie nicht, aber ich **weiß,** daß sie teilweise sehr schwierig sind.
3. Ich habe nicht **gewußt,** daß du Paris schon **kennst,** sonst hätte ich dir nicht soviel davon erzählt.
4. **Kennst** du den Oberbürgermeister unserer Stadt?
5. Nein, ich **kenne** ihn nicht, aber ich **weiß,** wo er sein Büro hat.
6. **Wissen** Sie, wo das Finanzamt ist? Ja, das **weiß** ich; ich **kenne** den Amtsvorsteher persönlich.
7. Woher willst du **wissen,** wieviel Geld ich verdiene?
8. Ich **kenne** deinen Chef; er hat mir von dir erzählt.
9. **Wissen** Sie eigentlich, wie langweilig Sie sind? Wenn ich Sie doch nicht **kennte!**
10. Wenn ich nur **wüßte,** wie das gemacht wird. Aber ich **kenne** einen Elektriker. Der **weiß** bestimmt, wie man den Schaden behebt.

„wissen" oder „kennen"?

Setzen Sie das richtige Verb ein:

B:
1. — Sie die Regeln des Fußballspiels?
2. Nein, ich — sie nicht, aber ich —, daß sie teilweise sehr schwierig sind.
3. Ich habe nicht —, daß du Paris schon —, sonst hätte ich dir nicht soviel davon erzählt.
4. — du den Oberbürgermeister unserer Stadt?
5. Nein, ich — ihn nicht, aber ich —, wo er sein Büro hat.
6. — Sie, wo das Finanzamt ist? Ja, das — ich; ich — den Amtsvorsteher persönlich.
7. Woher willst du —, wieviel Geld ich verdiene?
8. Ich — deinen Chef; er hat mir von dir erzählt.
9. — Sie eigentlich, wie langweilig Sie sind? Wenn ich Sie doch nicht —!
10. Wenn ich nur —, wie das gemacht wird. Aber ich — einen Elektriker. Der — bestimmt, wie man den Schaden behebt.

„hängen, hängte, gehängt“ **Bewegung** (wohin?)
„hängen, hing, gehangen“ **Ruhe** (wo?)

B: 1. Ich habe den Mantel in den Schrank **gehängt.**
2. An dieser Stelle hat doch immer ein Bild **gehangen.**
3. Sein Leben **hing** an einem seidenen Faden.
4. Hast du die Wäsche **aufgehängt?**
5. Die Wäsche **hing** drei Tage im Garten.
6. Mein Hut ist weg. Er hat an diesem Haken **gehangen.**
7. Haben Sie die Vorhänge schon **aufgehängt?**
8. Das Essen **hing** mir zum Halse heraus.
9. Hat er sich wirklich **aufgehängt?**

hängen, hängte, gehängt — hängen, hing, gehangen

Setzen Sie das richtige Verb ein:

B: 1. Ich habe den Mantel in den Schrank —.
2. An dieser Stelle hat doch immer ein Bild —.
3. Sein Leben — an einem seidenen Faden. (Präteritum!)
4. Hast du die Wäsche auf—?
5. Die Wäsche — drei Tage im Garten. (Präteritum!)
6. Mein Hut ist weg. Er hat an diesem Haken —.
7. Haben Sie die Vorhänge schon auf—?
8. Das Essen — mir zum Halse heraus. (Präteritum!)
9. Hat er sich wirklich auf—?

Setzen, legen und **stellen** drücken eine **Bewegung** aus. (wohin?)
Sitzen, liegen und **stehen** drücken **Ruhe** aus. (wo?)

B: 1. Die Handtücher **liegen** im Wäscheschrank.
2. Der Direktor **sitzt** in einem Ledersessel.
3. Die Krankenschwester **setzt** das Kind auf einen Stuhl.
4. Die Kühe **legen sich** in das Stroh.
5. Der Oberkellner **stellt** die Vase auf die Festtafel.
6. Das Motorrad **steht** an der Hauswand.
7. Die Hausfrau **stellt** die Teller auf den Tisch und **legt** das Besteck daneben.
8. Herr Gerlicher **setzt** seinen Hut auf und geht.
9. **Stellen** Sie doch bitte den Tisch hierher, damit wir **uns setzen** können!
10. Wo **liegt** mein Führerschein? Du hast ihn doch in das Handschuhfach **gelegt.**

(sich) setzen — sitzen; (sich) legen — liegen; (sich) stellen — stehen

Setzen Sie die obengenannten Verben ein:

B: 1. Die Handtücher — im Wäscheschrank.
2. Der Direktor — in einem Ledersessel.
3. Die Krankenschwester — das Kind auf einen Stuhl.
4. Die Kühe — — in das Stroh.
5. Der Oberkellner — die Vase auf die Festtafel.
6. Das Motorrad — an der Hauswand.
7. Die Hausfrau — die Teller auf den Tisch und — das Besteck daneben.
8. Herr Gerlicher — seinen Hut auf und geht.
9. — Sie doch bitte den Tisch hierher, damit wir — — können!
10. Wo — mein Führerschein? Du hast ihn doch in das Handschuhfach —.

B: 1. Er hat es begriffen. Ihm ist ein Licht **aufgegangen.**
2. Das ist meine Angelegenheit. Das **geht** dich nichts **an.**
3. Ohne Geld können wir nicht **ausgehen.**
4. Das stolze Schiff Titanic ist **untergegangen.**
5. Dieser Fußweg wird sehr stark **begangen.**
6. Er hat Augen wie ein Luchs. Ihm **entgeht** nichts.
7. In diesem Wäldchen halten sich die Verbrecher auf. Wir müssen den Wald **umgehen.**
8. Die Mutter will Fisch braten. Erst muß die Butter in der Pfanne **zergehen.**
9. Seine Traurigkeit wird bald **vergehen.**
10. Gegen diesen Betrüger muß **vorgegangen** werden.

Die Wortfamilie „gehen“

Setzen Sie folgende Wörter ein: ausgehen, angehen, begehen, entgehen, umgehen, vergehen, zergehen, vorgehen, untergehen, aufgehen.

B: 1. Er hat es begriffen. Ihm ist ein Licht –.
2. Das ist meine Angelegenheit. Das – dich nichts –.
3. Ohne Geld können wir nicht –.
4. Das stolze Schiff Titanic ist –.
5. Dieser Fußweg wird sehr stark –.
6. Er hat Augen wie ein Luchs. Ihm – nichts.
7. In diesem Wäldchen halten sich die Verbrecher auf. Wir müssen den Wald –.
8. Die Mutter will Fisch braten. Erst muß die Butter in der Pfanne –.
9. Seine Traurigkeit wird bald –.
10. Gegen diesen Betrüger muß – werden.

B: 1. Der um 9.35 Uhr aus Köln **angekommene** D-Zug hatte 15 Minuten Verspätung.
2. Auf dem Stuttgarter Fernsehturm befindet sich der aus Leichtmetall und Glas **gebaute** „Korb".
3. Die in zwei Stockwerken **untergebrachte** Gaststätte kann 160 Personen beherbergen.
4. Der von einem Elektromotor **getriebene** Aufzug bringt die Besucher in 50 Sekunden zur Gaststätte.
5. Die durch Blitzschlag **entstehenden** elektrischen Ladungen werden zur Erde abgeleitet.
6. Die im Fernsehen **laufenden** Filme sind manchmal sehr alt.
7. Der sich beim Übersteigen der Alpen **erwärmende** Südwind wird Föhn genannt.
8. Der gestern hier **eingetroffene** Zirkus gibt heute abend seine erste Vorstellung.

Relativsätze und Attribute

Verwandeln Sie die **Relativsätze** in vorangestellte **Attribute:**

B: 1. Der D-Zug, der um 9.35 Uhr aus Köln ankam, hatte 15 Minuten Verspätung.
2. Auf dem Stuttgarter Fernsehturm befindet sich der „Korb“, der aus Leichtmetall und Glas gebaut ist.
3. Die Gaststätte, die in zwei Stockwerken untergebracht ist, kann 160 Personen beherbergen.
4. Der Aufzug, der von einem Elektromotor getrieben wird, bringt die Besucher in 50 Sekunden zur Gaststätte.
5. Elektrische Ladungen, die durch Blitzschlag entstehen, werden zur Erde abgeleitet.
6. Die Filme, die im Fernsehen laufen, sind manchmal sehr alt.
7. Der Südwind, der sich beim Übersteigen der Alpen erwärmt, wird Föhn genannt.
8. Der Zirkus, der gestern hier eingetroffen ist, gibt heute abend seine erste Vorstellung.

B: 1. In der Hülle des Atoms befinden sich die leichten Elektronen, **die** negativ geladen sind und den Kern schalenartig umgeben.
2. Die Energie, **die** frei wird, leitet einen neuen Entwicklungsprozeß ein.
3. Das Haus, **das** im März fertiggestellt worden ist, ist immer noch unbewohnt.
4. Der Hotelbesitzer zeigt den Gästen, **die** neu angekommen sind, ihre Zimmer.
5. Die Technik, **die** auf der Forschung beruht, verändert unsere Umwelt.
6. Die Mittel, **die** bisher von der Industrie aufgewendet worden sind, reichen nicht zum Schutz unseres Lebensraumes aus.

Attribute und Relativsätze

Bilden Sie aus folgenden vorangestellten **Attributen Relativsätze:**

B: 1. In der Hülle des Atoms befinden sich die leichten, negativ geladenen und den Kern schalenartig umgebenden Elektronen.
2. Die frei werdende Energie leitet einen neuen Entwicklungsprozeß ein.
3. Das im März fertiggestellte Haus ist immer noch unbewohnt.
4. Der Hotelbesitzer zeigt den neu angekommenen Gästen ihre Zimmer.
5. Die auf der Forschung beruhende Technik verändert unsere Umwelt.
6. Die bisher von der Industrie aufgewendeten Mittel reichen nicht zum Schutz unseres Lebensraumes aus.

B: 1. Ich kaufe diesen Wagen. Dieses Geschäft ist **abgemacht.**
2. **Mach** doch bitte das Licht **aus!** Ich will schlafen.
3. Kannst du die Tür nicht **zumachen?** Es ist kalt.
4. Großmutter ist sehr traurig. Sie hat in ihrem Leben viel **durchgemacht.**
5. Dir glaube ich nichts. Du kannst mir nichts **vormachen.**
6. **Mach** bitte das Radio **an!** Ich möchte die Nachrichten hören.
7. Warum **machst** du alles **nach?** Du bist doch kein Affe.
8. Du hast Kartoffelbrei verschüttet. Willst du ihn nicht **wegmachen?**
9. **Mach** doch bitte die Dose **auf!** Wir wollen Fisch essen.
10. Der Onkel hat seinem Neffen sein ganzes Vermögen **vermacht.**

Die Wortfamilie „machen“

Setzen Sie folgende Wörter ein: anmachen, ausmachen, aufmachen, zumachen, vormachen, vermachen, nachmachen, abmachen, durchmachen, wegmachen.

B: 1. Ich kaufe diesen Wagen. Dieses Geschäft ist –.
2. – doch bitte das Licht –! Ich will schlafen.
3. Kannst du die Tür nicht –? Es ist kalt.
4. Großmutter ist sehr traurig. Sie hat in ihrem Leben viel –.
5. Dir glaube ich nichts. Du kannst mir nichts –.
6. – bitte das Radio –! Ich möchte die Nachrichten hören.
7. Warum – du alles –? Du bist doch kein Affe.
8. Du hast Kartoffelbrei verschüttet. Willst du ihn nicht –?
9. – doch bitte die Dose –! Wir wollen Fisch essen.
10. Der Onkel hat seinem Neffen sein ganzes Vermögen –.

Verben mit der Präposition „auf“:

Diese Verben haben ein **Akkusativobjekt.**

B: 1. Der alte Mann **freut sich auf einen** ruhigen Lebensabend.
2. Die Mutter **achtet auf die** Gesundheit ihres Kindes.
3. Der Kraftfahrer kann **sich auf** seinen Beifahrer **verlassen.**
4. Der junge Mann **wartet auf** seine Freundin. Sie hat sich verspätet.
5. Die Geschäftsinhaber **hoffen (rechnen) auf ein** gutes Weihnachtsgeschäft.
6. Die Kindergärtnerin muß **auf die** Kleinen **aufpassen.**
7. Kannst du **dich auf** unsere Reise **besinnen?**
8. Die Fischer **rechnen auf einen** guten Fang.
9. Ich **verzichte auf** deine Hilfe, weil ich dich nicht brauche.
10. Der Richter **bezieht sich auf die** Aussage der Zeugen.

Verben mit der Präposition „auf"

Setzen Sie folgende Verben ein: achten auf, sich verlassen auf, hoffen auf, rechnen auf, verzichten auf, warten auf, sich freuen auf, aufpassen auf, sich besinnen auf, sich beziehen auf.

B: 1. Der alte Mann — — — ein— ruhig— Lebensabend.
2. Die Mutter — — d— Gesundheit ihres Kindes.
3. Der Kraftfahrer kann — — sein— Beifahrer —.
4. Der junge Mann — — sein– Freundin. Sie hat sich verspätet.
5. Die Geschäftsinhaber — — ein gut— Weihnachtsgeschäft.
6. Die Kindergärtnerin muß — — Kleinen —.
7. Kannst du — — unser– Reise —?
8. Die Fischer — — ein— gut— Fang.
9. Ich — — dein– Hilfe, weil ich dich nicht brauche.
10. Der Richter — — — d— Aussage der Zeugen.

B: 1. Hast du ein schönes Geschenk **bekommen?**
2. Der Dieb konnte der Polizei **entkommen.**
3. **Komm** doch bitte einmal **her** zu mir!
4. Er ist bei einem Verkehrsunfall **umgekommen.**
5. Wann **kommt** der Zug aus München **an?**
6. Die Frau trinkt. Sie ist völlig **verkommen.**
7. Der Student muß mit seinem Geld **auskommen.**
8. Wir gehen jetzt fort. Du kannst ja **nachkommen.**
9. Herr Gogler fragt den Lehrer: „Ist etwas mit meinem Sohn **vorgekommen?"**
10. Ich gehe ins Kino. Willst du nicht **mitkommen?**

Die Wortfamilie „kommen“

Setzen Sie folgende Wörter ein: ankommen, bekommen, entkommen, umkommen, verkommen, auskommen, nachkommen, mitkommen, vorkommen, herkommen.

B:
1. Hast du ein schönes Geschenk – ?
2. Der Dieb konnte der Polizei –.
3. Komm doch bitte einmal – zu mir!
4. Er ist bei einem Verkehrsunfall –.
5. Wann – der Zug aus München – ?
6. Die Frau trinkt. Sie ist völlig –.
7. Der Student muß mit seinem Geld –.
8. Wir gehen jetzt fort. Du kannst ja –.
9. Herr Gogler fragt den Lehrer: „Ist etwas mit meinem Sohn –?“
10. Ich gehe ins Kino. Willst du nicht – ?

Verben mit zwei Objekten

Viele Verben brauchen **zwei Objekte** (Dativ- und Akkusativobjekt), um Sachverhalte besser verständlich zu machen.

B:
1. Der Vater erlaubt **dem** Sohn **das** Autofahren nicht.
2. Der Tankwart bringt **dem** Fahrer **den** Autoschlüssel.
3. Der Minister überreichte **dem** Erfinder **eine** hohe Belohnung.
4. Der Lehrling reicht **dem** Monteur **das** Werkzeug.
5. Der Bankier lieh **dem** Erfinder **eine** große Geldsumme.
6. Die Firma sendet **dem guten** Kunden **den** neusten Katalog.
7. Der Polizist nimmt **dem** betrunkenen Fahrer **den** Zündschlüssel weg.
8. Der höfliche Junge überläßt **der alten** Dame **den** Fensterplatz.
9. Die Fabrik lieferte **dem** Autohändler dreißig neue Modelle.
10. Der Lehrer erzählte **den** Kindern **eine** spannende Geschichte.

Die Rektion der Verben: Verben mit zwei Objekten

Bilden Sie Sätze:

B:
1. Vater, Sohn, Autofahren, nicht erlauben.
2. Tankwart, Fahrer, Autoschlüssel, bringen.
3. Minister, Erfinder, hohe Belohnung, überreichen.
4. Lehrling, Monteur, Werkzeug, reichen.
5. Bankier, Erfinder, große Geldsumme, leihen.
6. Firma, guter Kunde, neuester Katalog senden.
7. Polizist, betrunkener Fahrer, Zündschlüssel, wegnehmen.
8. Höflicher Junge, alte Dame, Fensterplatz, überlassen.
9. Fabrik, Autohändler, dreißig neue Modelle, liefern.
10. Lehrer, Kinder, spannende Geschichte, erzählen.

Verben mit Genitivobjekt (Personalpronomen): Man gedenkt des Erfinders. Man gedenkt seiner.

ich ... **meiner**	wir ... **unser**
du ... **deiner**	ihr ... **euer**
er ... **seiner**	sie ... **ihrer**
sie ... **ihrer**	Sie ... **Ihrer**
es ... **seiner**	

B: 1. Wir bedürfen **deiner.**
2. Man gedenkt **seiner.**
3. Man spottet **unser.**
4. Man achtet **meiner** nicht.
5. Man schämt sich **ihrer.**
6. Man besinnt sich **seiner.**
7. Erbarmt euch **ihrer!**
8. Wir harrten **Ihrer.**
9. Wir gedenken **euer.**

Die Rektion der Verben
Verben mit Genitivobjekt (Personalpronomen)

Setzen Sie die **Genitivpersonalpronomen** ein:

B: 1. Wir bedürfen (du).
2. Man gedenkt (er).
3. Man spottet (wir).
4. Man achtet (ich) nicht.
5. Man schämt sich (sie).
6. Man besinnt sich (es).
7. Erbarmt euch (sie, Plural!)!
8. Wir harrten (Sie).
9. Wir gedenken (ihr).

B: 1. Der Lehrling **ist des** Betrugs **angeklagt.**
2. Das Kind kann sich **dessen** nicht mehr **erinnern.**
3. Der Herr wurde sein**er** Brieftasche **beraubt.**
4. Der Verbrecher wird **des** Land**es** **verwiesen.**
5. Der Minister wurde sein**es** Amt**es** **enthoben.**
6. Einmal im Jahr **gedenkt** man **der** Toten.
7. Der Kranke **bedarf** eines Arztes.
8. Gott **erbarmt sich der** Menschen.
9. Er **schämt sich** sein**er** spitz**en** Zunge.
10. **Erbarmt euch der** Hungernden in der Welt!

Die Rektion der Verben: Verben mit Genitivobjekt

Bilden Sie folgende Sätze noch einmal, aber verwenden Sie **Verben,** die ein **Genitivobjekt** verlangen:

B:
1. Der Lehrling ist wegen Betrug angeklagt.
2. Das Kind kann sich nicht mehr daran erinnern.
3. Dem Herrn wurde die Brieftasche geraubt.
4. Der Verbrecher wird aus dem Land gewiesen.
5. Der Minister wurde entlassen.
6. Einmal im Jahr denkt man an die Toten.
7. Der Kranke braucht einen Arzt.
8. Gott hat Erbarmen mit den Menschen.
9. Er schämt sich wegen seiner spitzen Zunge.
10. Habt Erbarmen mit den Hungernden in der Welt!

Verben mit Genitivobjekt:

Es gibt nur **wenige Verben,** die ein **Genitivobjekt** verlangen. Sie werden in der **Umgangssprache kaum** verwendet und durch **andere Ausdrücke** ersetzt.

B: 1. Die Schildbürger schämten sich ihr**er** Dummheit.
2. Wir gedenken **des** Verstorben**en.**
3. Er wurde **des** Diebstahl**s** angeklagt.
4. Die alte Frau wurde ihr**er** Handtasche beraubt.
5. Ich erinnere mich **des** Unglück**s.**
6. Der Spion wurde **des** Land**es** verwiesen.
7. Der untreue Beamte wurde sein**es** Amt**es** enthoben.
8. Der Reiche erbarmt sich **des** Arm**en.**

Die Rektion der Verben: Verben mit Genitivobjekt

Bilden Sie Sätze:

B: 1. Die Schildbürger, sich schämen, Dummheit.
2. Wir, gedenken, Verstorbener.
3. Er wurde, Diebstahl, angeklagt.
4. Die alte Frau wurde, ihre Handtasche, berauben.
5. Ich, sich erinnern, Unglück.
6. Der Spion wurde, Land, verweisen.
7. Der untreue Beamte wurde, sein Amt, entheben.
8. Der Reiche, sich erbarmen, Armer.

Verben mit Dativobjekt:

Verben, die in **unpersönlichen Sachverhalten** verwendet werden, verlangen **auch** den **Dativ.**

B: 1. Wie geht es **dir?**
2. Es widerstrebt **mir,** eine Aufgabe nicht zu beenden.
3. Es liegt **dem** berühmt**en** Dichter daran, daß seine Bücher von vielen Menschen gelesen werden.
4. Es kommt **dem** schön**en** Mädchen nur darauf an, einen reichen Mann zu heiraten.
5. Es ist **mir,** als ob ich drei Tage und Nächte nicht geschlafen hätte.
6. Es fällt **dem** vergeßlich**en** Elektriker ein, daß er seinen Schraubenzieher nicht dabei hat.
7. Wie geht es Ihr**er** Frau?
8. Es liegt **den** besorgt**en** Eltern daran, daß ihre Kinder gut erzogen werden.

Die Rektion der Verben: Verben mit Dativobjekt

Vervollständigen Sie diese Sätze:

B: 1. Wie geht es (du)?
2. Es widerstrebt (ich), eine Aufgabe nicht zu beenden.
3. Es liegt (berühmter Dichter) daran, daß seine Bücher von vielen Menschen gelesen werden.
4. Es kommt (schönes Mädchen) nur darauf an, einen reichen Mann zu heiraten.
5. Es ist (ich), als ob ich drei Tage und Nächte nicht geschlafen hätte.
6. Es fällt (vergeßlicher Elektriker) ein, daß er seinen Schraubenzieher nicht dabei hat.
7. Wie geht es (Ihre Frau)?
8. Es liegt (besorgte Eltern) daran, daß ihre Kinder gut erzogen werden.

Verben mit Dativobjekt:

Wendet sich das **Tun** einer **Sache** oder einer **Person zu,** bzw. von ihr **weg,** so verwenden wir meistens den **Dativ.**
Verben mit einer **Dativpräposition** verlangen **fast immer** ein **Dativobjekt,** z. B. nachfolgen, zuhören, mitkommen, beiwohnen.

B: 1. Der Dampfer nähert sich **dem** Anlegeplatz.
2. Das Mittagsmahl schmeckt **den** Gästen.
3. Der Kapitän widerspricht **dem** Reeder.
4. Dient die Technik **der** Menschheit?
5. Der Boxer droht **seinem** Gegner.
6. Das fette Essen bekommt **dem** Kranken nicht.
7. Der Gerettete dankt seinen Rettern.
8. Die Studenten hören **dem** Professor zu.

Die Rektion der Verben: Verben mit Dativobjekt

Bilden Sie Sätze:

B: 1. Dampfer, sich nähern, Anlegeplatz.
2. Mittagsmahl, schmecken, Gästen.
3. Kapitän, widersprechen, Reeder.
4. Dienen, Technik, Menschheit?
5. Boxer, drohen, Gegner.
6. Fettes Essen, nicht bekommen, Kranken.
7. Der Gerettete, danken, Rettern.
8. Studenten, zuhören, Professor.

Ein **Akkusativobjekt** haben fast alle Verben, die eine **Tätigkeit** ausdrücken, z. B. backen, zeichnen, nähen usw.
Ein Akkusativobjekt haben fast alle Verben mit den **Vorsilben be-, er-, ver-, zer-,** z. B. beachten, erfinden, verdienen, zerbrechen.

B: 1. Der Ingenieur entwirft **einen** Plan.
Der Ingenieur entwarf **einen** Plan.
Der Ingenieur hat **einen** Plan entworfen.
Der Plan wird von dem Ingenieur entworfen.
2. Der Autoschlosser überprüft **den** Motor.
3. Die Malerin beendet **das** Gemälde.
4. Der Schuster besohlt **die** Schuhe.
5. Die Schüler können **die** Mathematikaufgabe nicht lösen.
6. Edison erfand **die** Glühbirne.
7. Die Dame verlor **ihren** Geldbeutel.
8. Das Kind hat **das** Papier zerrissen.

Die Rektion der Verben: Verben mit Akkusativobjekt

Bilden Sie Sätze:

B: 1. Der Ingenieur, entwerfen, Plan.
2. Der Autoschlosser, überprüfen, Motor.
3. Die Malerin, beenden, Gemälde.
4. Der Schuster, besohlen, Schuhe.
5. Die Schüler, können nicht lösen, Mathematikaufgabe.
6. Edison, erfinden, Glühbirne.
7. Die Dame, verlieren, Geldbeutel.
8. Das Kind, zerreißen, Papier.

Üben Sie diese Sätze auch in verschiedenen Zeiten und bilden Sie das Passiv!

Gliedsätze: „so ..., daß ...“

Der **Hauptsatz** leitet den **Gliedsatz ein.**

B: 1. Der Konzertsaal war **so** voll, **daß** man keinen Platz mehr bekommen konnte.
2. Der Kriminalroman war **so** interessant, **daß** ich ihn zweimal las.
3. Die Erzählung war **so** traurig, **daß** die Zuhörer weinten.
4. Es war ein **so** schöner Tag, **daß** wir vor Freude sangen.
5. Er war **so** schwer verletzt, **daß** man ihn ins Krankenhaus bringen mußte.
6. Er hat das Tier **so** geschlagen, **daß** es gestorben ist.
7. Der Verkehrslärm war **so** stark, **daß** man nicht schlafen konnte.
8. Unsere Umwelt ist **so** verschmutzt, **daß** das Leben in manchen Gegenden bedroht ist.
9. Der Raum ist **so** klein, **daß** man sich kaum darin umdrehen kann.
10. Es war **so** dunkel, **daß** man kaum die Hand vor den Augen sehen konnte.

Gliedsätze: „so ..., daß ...“

Bilden Sie Gliedsätze:

B:
1. Der Konzertsaal war voll; man konnte keinen Platz mehr bekommen.
2. Der Kriminalroman war interessant; ich las ihn zweimal.
3. Die Erzählung war traurig; die Zuhörer weinten.
4. Es war ein schöner Tag; wir sangen vor Freude.
5. Er war schwer verletzt; man mußte ihn ins Krankenhaus bringen.
6. Er hat das Tier geschlagen; es ist gestorben.
7. Der Verkehrslärm war stark; man konnte nicht schlafen.
8. Unsere Umwelt ist verschmutzt; das Leben ist in manchen Gegenden bedroht.
9. Der Raum ist klein; man kann sich kaum darin umdrehen.
10. Es war dunkel; man konnte kaum die Hand vor den Augen sehen.

Vergleichssätze:

so — wie **nicht so — wie** größ**er — als**

Gliedsätze, die einen **Vergleich** beinhalten, **beginnen** immer mit dem **Hauptsatz.**

B: 1. Die Straße ist bess**er, als** man uns erzählt hat.
2. Das Strafmaß war **so** hoch, **wie** es der Staatsanwalt beantragt hatte.
3. Er ist reich**er, als** man annimmt.
4. Sie ist bestimmt ält**er, als** die Leute glauben.
5. Er ist **nicht so** kräftig, **wie** er aussieht.
6. Das Erholungsgebiet ist **so** schön, **wie** man es uns geschildert hat.
7. Der Winter wird härt**er, als** wir angenommen haben.
8. Das Haus war teur**er, als** der Architekt errechnet hatte.
9. Das Bild ist wirklich **so** alt, **wie** der Kunsthändler gesagt hat.
10. Hunde sind **nicht so** gefräßig, **wie** manche Leute meinen.

Vergleichssätze

Setzen Sie **„wie“** oder **„als“** ein:

B: 1. Die Straße ist besser, — man uns erzählt hat.
2. Das Strafmaß war so hoch, — es der Staatsanwalt beantragt hatte.
3. Er ist reicher, — man annimmt.
4. Sie ist bestimmt älter, — die Leute glauben.
5. Er ist nicht so kräftig, — er aussieht.
6. Das Erholungsgebiet ist so schön, — man es uns geschildert hat.
7. Der Winter wird härter, — wir angenommen haben.
8. Das Haus war teurer, — der Architekt errechnet hatte.
9. Das Bild ist wirklich so alt, — der Kunsthändler gesagt hat.
10. Hunde sind nicht so gefräßig, — manche Leute meinen.

Das **gesteigerte Adjektiv** muß unmittelbar **nach** der **Konjunktion** stehen.

B:
1. **Je älter** er wird, **desto mehr** Fürsorge braucht er.
2. **Je fleißiger** du arbeitest, **desto größeren** Erfolg hast du.
3. **Je regelmäßiger** sie übt, **desto bessere** Leistungen erzielt sie.
4. **Je besser** das Essen ist, **desto mehr** wird gegessen.
5. **Je frischer** das Wasser ist, **desto lieber** trinkt man es.
6. **Je ärgerlicher** sie wurden, **desto lauter** schrien sie.
7. **Je höher** man steigt, **desto kälter** wird es.
8. **Je länger** man schläft, **desto fauler** wird man.
9. **Je mehr** Geld für die Rüstung ausgegeben wird, **desto weniger** bleibt für soziale Verbesserungen übrig.
10. **Je frühzeitiger** du in der Bank bist, **desto schneller** kannst du dein Geld bekommen.

Vergleichssätze mit „je – desto“

Bilden Sie vollständige Sätze:

B:
1. Er wird alt; er braucht viel Fürsorge.
2. Du arbeitest fleißig; du hast großen Erfolg.
3. Sie übt regelmäßig; sie erziehlt gute Leistungen.
4. Das Essen ist gut; es wird viel gegessen.
5. Das Wasser ist frisch; man trinkt es gern.
6. Sie wurden ärgerlich; sie schrien laut.
7. Man steigt hoch; es wird kalt.
8. Man schläft lange; man wird faul.
9. Es wird viel Geld für die Rüstung ausgegeben; es bleibt wenig für soziale Verbesserungen übrig.
10. Du bist frühzeitig in der Bank; du kannst schnell dein Geld bekommen.

Die **Apposition** wird dem **Substantiv** meistens als **erklärende Beifügung** vorgestellt (z. B. bei Namen) oder nachgestellt. Sie übernimmt immer den **Fall** des zu erklärenden **Substantivs.**

B: 1. Am Montag, **dem** zweite**n** Mai, wird das Museum eröffnet.
2. Wir haben heute Dienstag, **den** dritte**n** Juli.
3. Samstag, **der** fünft**e** August, ist der richtige Tag für unseren Ausflug.
4. Das Theater eröffnet die Spielzeit mit „Tannhäuser", **einer** Oper von Richard Wagner.
5. Dir, **dem** größ**ten** Sprüchemacher unserer Firma, glaube ich kein Wort.
6. Die Erfindung des Buchdrucks verdanken wir Gutenberg, ein**em** Bürger der Stadt Mainz.
7. Gustav Adolf, König von Schweden und **(ein)** erfolgreich**er** Heerführer, kämpfte im Dreißigjährigen Krieg auf der Seite der Protestanten.
8. Wir denken an Goethe und Schiller, **die** beide**n** groß**en** deutsche**n** Dichter, wenn wir die Städte Weimar und Jena nennen hören.
9. Familie Gerber fährt nach Rom, **der** italienischen Hauptstadt.
10. Hamburg, **das** Tor der Welt, liegt an der Mündung der Elbe in die Nordsee.

Die Apposition

Setzen Sie die **Appositionen** in die richtigen Fälle:

B: 1. Am Montag, – zweit— Mai, wird das Museum eröffnet.
2. Wir haben heute Dienstag, – dritt— Juli.
3. Samstag, – fünft— August, ist der richtige Tag für unseren Ausflug.
4. Das Theater eröffnet die Spielzeit mit „Tannhäuser", ein– Oper von Richard Wagner.
5. Dir, – größt— Sprüchemacher unserer Firma, glaube ich kein Wort.
6. Die Erfindung des Buchdrucks verdanken wir Gutenberg, ein— Bürger der Stadt Mainz.
7. Gustav Adolf, König von Schweden und – erfolgreich— Heerführer, kämpfte im Dreißigjährigen Krieg auf der Seite der Protestanten.
8. Wir denken an Goethe und Schiller, – beid– groß– deutsch– Dichter, wenn wir die Städte Weimar und Jena nennen hören.
9. Familie Gerber fährt nach Rom, – italienischen Hauptstadt.
10. Hamburg, – Tor zur Welt, liegt an der Mündung der Elbe in die Nordsee.

B: Herr Friedrich erzählt, **sie seien** im Sommer an der See **gewesen.** Das Wetter **sei** meistens gut **gewesen,** nur zweimal **habe** es geregnet. **Seine** Frau **habe** sich im Liegestuhl am Strand gut **erholen können. Er sei** sehr viel **geschwommen.** Die Kinder **hätten** im Sand **gespielt.** Hans **habe** eine Sandburg **gebaut,** und Inge **habe** Muscheln und bunte Steine **gesammelt. Sie hätten** eine Menge Photos gemacht. **Sie** möchten ihre Dias in der nächsten Woche vorführen. Wenn **sie** genug Geld **hätten, führen** sie gleich noch einmal ans Meer. Nächstes Jahr **führen sie** nach Italien. Die Kinder **wollten** sich bräunen lassen. **Er freue sich** schon darauf.

Die indirekte Rede (Zusammenfassung)

Bilden Sie die indirekte Rede:

B: Herr Friedrich erzählt: „Wir waren im Sommer an der See. Das Wetter war meistens gut, nur zweimal hat es geregnet. Meine Frau konnte sich im Liegestuhl am Strand gut erholen. Ich schwamm sehr viel. Die Kinder spielten im Sand. Hans baute eine Sandburg, und Inge sammelte Muscheln und bunte Steine. Wir haben eine Menge Photos gemacht. Wir möchten unsere Dias in der nächsten Woche vorführen. Wenn wir genug Geld hätten, führen wir gleich noch einmal ans Meer. Nächstes Jahr fahren wir nach Italien. Die Kinder wollen sich bräunen lassen. Ich freue mich schon darauf."

Imperativsätze werden in der **indirekten Rede** mit **„sollen"** umschrieben.

B:
1. Der Mann rief seinem Hund zu, **er solle** herkommen.
2. Der Offizier befahl dem Soldaten, **er solle** seine Uniform **sauberhalten.**
3. Der Arzt sagte zu dem Kranken, **er solle** die Medizin **nehmen.**
4. Der Vater ermahnte die Kinder, **sie sollten** still **sein.**
5. Der Arbeiter sagte zu dem Gehilfen, **er solle** ihm den Hammer **bringen.**
6. Die Mutter fordert ihre Tochter auf, **sie solle** ihr beim Abwaschen **helfen.**
7. Der Fahrlehrer sagt zu seinem Schüler, **er solle** rechts **fahren.**
8. Der Flugzeugführer gibt dem Bodenpersonal das Zeichen, **sie sollten** die Bremsklötze **wegnehmen.**
9. Der Turnlehrer ruft den Jungen zu, **sie sollten** höher **springen.**
10. Der Bürgermeister sagt zu dem Boten, **er solle** den Brief zur Post **bringen.**

Die indirekte Rede: Imperativ

Bilden Sie die indirekte Rede:

B: 1. Der Mann rief seinem Hund zu: „Komm her!"
2. Der Offizier befahl dem Soldaten: „Halten Sie Ihre Uniform sauber!"
3. Der Arzt sagte zu dem Kranken: „Nehmen Sie diese Medizin!"
4. Der Vater ermahnte die Kinder: „Seid still!"
5. Der Arbeiter sagte zu dem Gehilfen: „Bring mir den Hammer!"
6. Die Mutter fordert ihre Tochter auf: „Hilf mir beim Abwaschen!"
7. Der Fahrlehrer sagt zu seinem Schüler: „Fahren Sie rechts!"
8. Der Flugzeugführer gibt dem Bodenpersonal das Zeichen: „Nehmt die Bremsklötze weg!"
9. Der Turnlehrer ruft den Jungen zu: „Springt höher!"
10. Der Bürgermeister sagt zu dem Boten: „Bringen Sie den Brief zur Post!"

Die indirekte Rede:

Fragesätze werden durch das **Fragepronomen** eingeleitet. **Fehlt** ein **Fragepronomen,** so verwenden wir **„ob".** Das **konjugierte Verb** steht am **Ende** des **Nebensatzes.**

B: 1. Mein Freund fragte mich, **wohin** ich **ginge.**
2. Doris fragte Richard, **ob er sie** bald **besuche.**
3. Der Reporter fragte den Politiker, **ob er** ewig Regierungschef bleiben **wolle.**
4. Der Richter fragte den Angeklagten, **was er** noch zu sagen **habe.**
5. Der Autoverkäufer fragte den Kunden, **ob er** mit dem Fahrzeug zufrieden **sei.**
6. Die Frau fragte den Gärtner, **wie man** die Blumen pflegen **müsse.**
7. Der Maurer fragte den Lehrling, **wo** das Bier **stehe.**
8. Der Zollbeamte fragte den Ausländer, **ob er** etwas zu verzollen **habe.**

Die indirekte Rede: Fragesätze

Bilden Sie die indirekte Rede:

B: 1. Mein Freund fragte mich: „Wohin gehst du?“
2. Doris fragte Richard: „Besuchst du mich bald?“
3. Der Reporter fragte den Politiker: „Wollen Sie ewig Regierungschef bleiben?“
4. Der Richter fragte den Angeklagten: „Was haben Sie noch zu sagen?“
5. Der Autoverkäufer fragte den Kunden: „Sind Sie mit dem Fahrzeug zufrieden?“
6. Die Frau fragte den Gärtner: „Wie muß man diese Blumen pflegen?“
7. Der Maurer fragte den Lehrling: „Wo steht das Bier?“
8. Der Zollbeamte fragte den Ausländer: „Haben Sie etwas zu verzollen?“

B: 1. Der Direktor sagte zur Sekretärin, **er wolle ihr** diktieren.
2. Die Frau sagte zu ihrem Mann, **er könne ihr** ruhig einmal helfen.
3. Die Lehrerin sagte zu den Kindern, **sie müßten** schöner schreiben.
4. Der Kellner sagte zu den Gästen, **er bringe ihnen** die Speisekarte.
5. Die Stewardeß sagte zum Flugkapitän, **sie hätten** die Passagierliste vergessen.
6. Der Gast sagte zu der Bedienung, der Wein, den **sie** gebracht habe, **sei** nicht kalt genug **gewesen.**
7. Die Großmutter sagte zu ihren Enkelkindern, wenn **sie** die Bilder gemalt **hätten,** möchte **sie** sie anschauen.

Anmerkung: Sätze, die im **Konjunktiv Irrealis** stehen, **behalten** die **Formen** der Verben bei. Sie werden in der **indirekten Rede nicht verändert.**

Die indirekte Rede

Bilden Sie die **indirekte Rede,** aber achten Sie auf den **Wechsel** der **Personalpronomen:**

B: 1. Der Direktor sagte zur Sekretärin: „Ich will Ihnen diktieren."
2. Die Frau sagte zu ihrem Mann: „Du kannst mir ruhig einmal helfen."
3. Die Lehrerin sagte zu den Kindern: „Ihr müßt schöner schreiben."
4. Der Kellner sagte zu den Gästen: „Ich bringe Ihnen die Speisekarte."
5. Die Stewardeß sagte zum Flugkapitän: „Wir haben die Passagierliste vergessen."
6. Der Gast sagte zu der Bedienung: „Der Wein, den Sie gebracht haben, war nicht kalt genug."
7. Die Großmutter sagte zu ihren Enkelkindern: „Wenn ihr die Bilder gemalt habt, möchte ich sie anschauen."

Die indirekte Rede — Futur:

ich	**würde** gehen		wir	**würden** gehen
du	**werdest** gehen		ihr	**würdet** gehen
er, sie, es	**werde** gehen		sie	**würden** gehen
			Sie	**würden** gehen

B: 1. Ich sagte, daß **ich** nach Amerika fliegen **würde.**
2. Du hast gesagt, daß **du** einen Spaziergang machen **werdest.**
3. Er hat gesagt, daß **er** ins Wirtshaus gehen **werde.**
4. Sie hat gesagt, daß **sie** das Zimmer aufräumen **werde.**
5. Das Kind sagte, daß **es** im Garten spielen **werde.**
6. Wir sagten, daß **wir** Pilze sammeln **würden.**
7. Ihr habt gesagt, daß **ihr** den Wagen waschen **würdet.**
8. Sie haben gesagt, daß **sie** den Schnee wegräumen **würden.**

Die indirekte Rede

Bilden Sie die **indirekte Rede:**

B: 1. Ich sagte: „Ich werde nach Amerika fliegen."
2. Du hast gesagt: „Ich werde einen Spaziergang machen."
3. Er hat gesagt: „Ich werde ins Wirtshaus gehen."
4. Sie hat gesagt: „Ich werde das Zimmer aufräumen."
5. Das Kind sagte: „Ich werde im Garten spielen."
6. Wir sagten: „Wir werden Pilze sammeln."
7. Ihr habt gesagt: „Wir werden den Wagen waschen."
8. Sie haben gesagt: „Wir werden den Schnee wegräumen."

Wir bilden die **Vergangenheit** mit dem **Partizip Perfekt** + **„habe“** oder **„sei“**. Es gibt nur diese **eine Vergangenheitsform.**

ich	**hätte**	**getragen**	wir **hätten...**	ich **sei**		**gefahren**
du	**habest**	**gesagt**	ihr **habet...**	du **seiest**		**geflogen**
er, sie, es	**habe**	**gerufen**	sie **hätten...**	er **sei**		**gekommen**
			Sie **hätten...**			usw.

B: 1. Ich sagte zu meinem Freund, daß **ich** in Nürnberg **gewesen sei.**
2. Du hast zu uns gesagt, daß **du** einen blauen Mantel **getragen habest.**
3. Er äußerte, daß **er** dazu nicht bereit **gewesen sei.**
4. Sie meinte, daß **sie** keine Ahnung davon **gehabt habe.**
5. Das Mädchen sagte, daß **es** zu spät **gekommen sei.**
6. Wir antworteten, daß **wir** im Gasthaus **hätten essen wollen.**
7. Ihr habt gesagt, daß **ihr** Rinderbraten zu Mittag **gehabt habet.**
8. Sie sagten, daß **sie** den Wein aus dem Keller **geholt hätten.**

Anmerkung: Im **allgemeinen Sprachgebrauch** ist die **reine indirekte Rede** fast verschwunden. Meist verwendet man in der indirekten Rede die Verbformen aus dem **Konjunktiv Irrealis** oder aus dem **Indikativ,** aus der Wirklichkeitsform.

Die indirekte Rede

Bilden Sie die **indirekte Rede:**

B: 1. Ich sagte zu meinem Freund: „Ich war in Nürnberg."
2. Du hast zu uns gesagt: „Ich trug einen blauen Mantel."
3. Er äußerte: „Ich war dazu nicht bereit."
4. Sie meinte: „Ich habe keine Ahnung davon."
5. Das Mädchen sagte: „Ich kam zu spät."
6. Wir antworteten: „Wir wollten im Gasthaus essen."
7. Ihr habt gesagt: „Wir hatten Rinderbraten zu Mittag."
8. Sie sagten: „Wir holten den Wein aus dem Keller."

Wir bilden die **indirekte Rede** mit dem **Stamm** des **Verbs** + **„e“. Entspricht** diese **Form** dem **Indikativ** (der **Wirklichkeitsform),** so verwenden wir die **Verbform** des **Konjunktiv Irrealis** als **Ersatzform.**

ich (komme) Ersatzform: **ich käme**	wir (kommen) **wir kämen**
du kommest	**ihr kommet**
er, sie, es komme	sie (kommen) **sie kämen**
	Sie (kommen) **Sie kämen**

Ich sei, du seiest, er sei, wir seien, ihr seiet, sie seien.

B: 1. Der Vater sagte zu mir, daß **er** heute später **komme.**
2. Ich sagte zu ihm, daß **ich** ins Kino **ginge.**
3. Du hast zu uns gesagt, daß **du** zu Hause **bleibest.**
4. Wir meinten, daß **wir** Kaffee trinken **wollten.**
5. Ihr habt gesagt, daß **ihr** nach Bamberg **fahret.**
6. Sie haben gerufen, daß **sie** dort **seien.**
7. Die Mutter sagte, daß **sie** müde **sei.**
8. Das Kind rief, daß **es** noch nicht **heimkomme.**

Die indirekte Rede

Bilden Sie die **indirekte Rede:**

B: 1. Der Vater sagte zu mir: „Ich komme heute später."
2. Ich sagte zu ihm: „Ich gehe ins Kino."
3. Du hast zu uns gesagt: „Ich bleibe zu Hause."
4. Wir meinten: „Wir wollen Kaffee trinken."
5. Ihr habt gesagt: „Wir fahren nach Bamberg."
6. Sie haben gerufen: „Wir sind hier."
7. Die Mutter sagte: „Ich bin müde."
8. Das Kind rief: „Ich komme noch nicht heim."

Verben mit der Präposition „an“:

Fragepronomen: **Woran?** (Sachen); **an wen?** (Personen)

B:
1. Er glaubt an **die** Gerechtigkeit.
2. Sie leidet an **einer** schwer**en** Krankheit.
3. Ich erinnere mich an mein**en** Großvater.
4. Du wirst ihn an sein**er** rot**en** Nase erkennen.
5. Der Hund muß sich an **die** Katze gewöhnen.
6. Was, du zweifelst an mein**er** Ehrlichkeit?
7. Er starb an ein**er** Vergiftung.
8. Ich schreibe einen Brief an mein**en** Freund.
9. Warum nimmst du nicht an **dem** Wettkampf teil?
10. Das Kind stieß sich an **der** Tischkante.

Anmerkung: Verben mit Präpositionen kann man sich nur einprägen, wenn man sie immer wieder in Mustersätzen verwendet.

Verben mit der Präposition „an“

Dativ oder **Akkusativ?**

B: 1. Er glaubt an — Gerechtigkeit.
2. Sie leidet an — schwer— Krankheit.
3. Ich erinnere mich an mein— Großvater.
4. Du wirst ihn an sein— rot— Nase erkennen.
5. Der Hund muß sich an — Katze gewöhnen.
6. Was, du zweifelst an mein— Ehrlichkeit?
7. Er starb an ein— Vergiftung.
8. Ich schreibe einen Brief an mein— Freund.
9. Warum nimmst du nicht an — Wettkampf teil?
10. Das Kind stieß sich an — Tischkante.

B: 1. Herr Götz ging bei dem Regenwetter spazieren, **anstatt daß** er zu Hause blieb. (anstatt zu Hause zu bleiben)
2. Die Mütter redeten miteinander, **anstatt daß** sie auf ihre Kinder aufpaßten. (anstatt auf ihre Kinder aufzupassen)
3. Herr Bierhaupt kehrte in einem Gasthaus ein, **anstatt daß** er nach Hause ging. (anstatt nach Hause zu gehen)
4. Die Menschen reden über andere, **anstatt daß** sie sich um ihre eigenen Angelegenheiten kümmern. (anstatt sich um ihre eigenen Angelegenheiten zu kümmern)
5. Sollte man nicht das viele Geld zur Linderung der Not auf der Erde verwenden, **anstatt daß** es für die Raumfahrt ausgegeben wird? (anstatt es für die Raumfahrt auszugeben)
6. Spare doch dein Geld, **anstatt daß** du alles ausgibst! (anstatt alles auszugeben)
7. Der Handwerker unterhält sich mit seinen Kollegen, **anstatt daß** er arbeitet. (anstatt zu arbeiten)
8. Der Schüler sitzt vor dem Fernsehgerät, **anstatt daß** er Englisch lernt. (anstatt Englisch zu lernen)

Der Gliedsatz mit der Konjunktion „anstatt daß"

Bilden Sie Gliedsätze:

B: 1. Herr Götz ging bei dem Regenwetter spazieren; er hätte zu Hause bleiben sollen.
2. Die Mütter redeten miteinander; sie hätten lieber auf ihre Kinder aufpassen sollen.
3. Herr Bierhaupt kehrte in einem Gasthaus ein; er hätte lieber nach Hause gehen sollen.
4. Die Menschen reden über andere; sie sollten sich lieber um ihre eigenen Angelegenheiten kümmern.
5. Sollte man nicht das viele Geld zur Linderung der Not auf der Erde verwenden? Es wird für die Raumfahrt ausgegeben.
6. Spare doch dein Geld! Du gibst alles aus.
7. Der Handwerker unterhält sich mit seinen Kollegen; er sollte lieber arbeiten.
8. Der Schüler sitzt vor dem Fernsehgerät; er sollte lieber Englisch lernen.

B: 1. Die Fremden haben **sich** in der Großstadt **verlaufen.**
2. Der verletzte Sportler will beim 3000-m-Lauf nicht **mitlaufen.**
3. Die Milch kocht schon; bald wird sie **überlaufen.**
4. Der kleine Bub ist schon wieder von zu Hause **weggelaufen.**
5. Gestern ist uns eine niedliche Katze **zugelaufen.** Wem gehört sie wohl?
6. Der Topf **läuft aus;** man muß ihn löten lassen.
7. Die Mutter muß den Kindern immer **nachlaufen.**
8. Unser Schäferhund ist uns **entlaufen.** Wer ihn zurückbringt, erhält eine Belohnung.

Die Wortfamilie „laufen“

Setzen Sie folgende Wörter ein: auslaufen, weglaufen, entlaufen, überlaufen, sich verlaufen, mitlaufen, nachlaufen, zulaufen.

B: 1. Die Fremden haben sich in der Großstadt –.
2. Der verletzte Sportler will beim 3000-m-Lauf nicht –.
3. Die Milch kocht schon; bald wird sie –.
4. Der kleine Bub ist schon wieder von zu Hause –.
5. Gestern ist uns eine niedliche Katze –. Wem gehört sie wohl?
6. Der Topf – –; man muß ihn löten lassen.
7. Die Mutter muß den Kindern immer –.
8. Unser Schäferhund ist uns –. Wer ihn zurückbringt, erhält eine Belohnung.

B: 1. Ich wünschte, **daß** Vater **käme.**
2. Ich möchte, **daß** du hier **wärest.**
3. Ich wollte, **daß** er im Lotto **gewönne.**
4. Ich wünschte, **daß** ich das **hätte** erleben können.
5. Wir wünschten, **daß** wir Zeit **hätten.**
6. Ich wollte, Großvater **lebte** noch.
7. Ich wünschte, du **wärest** pünktlich gekommen.
8. Sie wünschte, ihr Kind **wäre** gesund.
9. Ich wollte, du **wärest** auf dem Mond.
10. Ich wollte, du **hättest** mich gern.

Der Konjunktiv Irrealis

Irreale Wunschsätze in Verbindung mit der **Konjunktion „daß“**

Bilden Sie irreale Wunschsätze:

B: 1. Ich wünschte, ... Vater kommt nicht.
2. Ich möchte, ... du bist nicht hier.
3. Ich wollte, ... er soll im Lotto gewinnen.
4. Ich wünschte, ... ich habe das nicht erleben können.
5. Wir wünschten, ... wir haben keine Zeit.
6. Ich wollte, ... Großvater lebt nicht mehr.
7. Ich wünschte, ... du bist nicht pünktlich gekommen.
8. Sie wünschte, ... ihr Kind ist nicht gesund.
9. Ich wollte, ... du bist nicht auf dem Mond.
10. Ich wollte, ... du hast mich nicht gern.

B: 1. **Könnte** ich bitte Feuer haben?
2. **Dürfte** ich Sie um Auskunft bitten?
3. **Würden** Sie mir behilflich sein?
4. **Könnten** Sie mir Ihren Kugelschreiber leihen?
5. **Würden** Sie bitte die Tür schließen?
6. **Würden (könnten)** Sie mir den Zucker reichen?
7. **Könnten** Sie 20 DM wechseln?
8. **Möchten** Sie noch ein Glas Bier?
9. **Würden** Sie **(könnten** Sie) heute nachmittag in mein Büro kommen?
10. **Dürfte** ich Sie um einen Gefallen bitten?

Der Konjunktiv Irrealis

Höfliche Fragen

Bilden Sie höfliche Fragen mit den Formen des **Konjunktiv Irrealis:**

B: 1. Kann ich bitte Feuer haben?
2. Darf ich Sie um Auskunft bitten?
3. Werden Sie mir behilflich sein?
4. Können Sie mir Ihren Kugelschreiber leihen?
5. Schließen Sie bitte die Tür!
6. Reichen Sie mir den Zucker!
7. Können Sie 20 DM wechseln?
8. Wollen Sie noch ein Glas Bier?
9. Kommen Sie heute nachmittag in mein Büro!
10. Darf ich Sie um einen Gefallen bitten?

Der Konjunktiv Irrealis nach „beinahe, fast, es hätte nicht viel gefehlt, um ein Haar“:

Es wäre **beinahe** etwas geschehen, aber **im letzten Augenblick** ist es doch **nicht passiert.** Diese Sätze stehen **immer** in der **Vergangenheit.**

B:
1. **Beinahe hätte** Frau Giesing keinen Platz **gefunden.**
2. **Fast wären** die wilden Kinder ums Leben **gekommen.**
3. **Es hätte nicht viel gefehlt,** so **wäre** der Güterwagen aus den Schienen **gesprungen.**
4. **Um ein Haar hätte** die Lawine die Schifahrer **überrollt.**
5. **Beinahe wäre** die Suppe **angebrannt.**
6. **Fast hätte** es Streit **gegeben.**
7. **Es hätte nicht viel gefehlt,** so **wäre** der Fußgänger **überfahren worden.**
8. **Beinahe wäre** der Junge vom Hund **gebissen worden.**
9. **Um ein Haar wäre** das Geldstück in den Abfluß **gefallen.**
10. **Beinahe hätten** wir das Spiel **verloren.**

Der Konjunktiv Irrealis

Der Konjunktiv Irrealis nach „beinahe, fast, es hätte nicht viel gefehlt, um ein Haar“

Bilden Sie Sätze mit den oben angegebenen Einleitungen:

B:
1. Frau Giesing hat gerade noch einen Platz gefunden.
2. Die wilden Kinder sind nicht ums Leben gekommen.
3. Der Güterwagen ist nicht aus den Schienen gesprungen.
4. Die Lawine hat die Schifahrer nicht überrollt.
5. Die Suppe ist nicht angebrannt.
6. Es hat keinen Streit gegeben.
7. Der Fußgänger ist nicht überfahren worden.
8. Der Junge ist nicht vom Hund gebissen worden.
9. Das Geldstück ist nicht in den Abfluß gefallen.
10. Wir haben das Spiel nicht verloren.

Gliedsätze mit „als ob“ oder „als wenn“:

Diese **Gliedsätze beginnen** immer mit dem **Hauptsatz.** Wollen wir **„ob“** oder **„wenn“ weglassen,** so steht das **Verb nach der Konjunktion,** z.B.

Sie geht so, **als hätte** sie Erbsen in ihren Schuhen.

B: 1. Sie geht so, **als ob** sie Erbsen in ihren Schuhen **hätte.**
2. Er tut so, **als wenn** er reich **wäre.**
3. Das Gemälde sieht so aus, **als ob** es echt **wäre.**
4. Franz benimmt sich so, **als wäre** er betrunken.
5. Sie singt so, **als hätte** sie eine Kartoffel im Hals.
6. Fritz erzählt die Geschichte so, **als wenn** er selbst dabei **gewesen wäre.**
7. Du siehst aus, **als ob** du nicht bis drei zählen **könntest.**
8. Der Angeklagte tat so, **als wenn** er von nichts **wüßte.**

Der Konjunktiv Irrealis

Gliedsätze mit **„als ob“**

Bilden Sie Gliedsätze mit „als ob“ oder „als wenn“:

B: 1. Sie geht so, (sie hat Erbsen in ihren Schuhen).
2. Er tut so, (er ist reich).
3. Das Gemälde sieht so aus, (es ist echt).
4. Franz benimmt sich so, (er ist betrunken).
5. Sie singt so, (sie hat eine Kartoffel im Hals).
6. Fritz erzählt die Geschichte so, (er ist selbst dabei gewesen).
7. Du siehst aus, (du kannst nicht bis drei zählen).
8. Der Angeklagte tat so, (er weiß von nichts).

B:

1. **Wäre** er pünktlich gekommen, **so** hätten wir mit der Arbeit beginnen können.
2. **Übte** sie eifriger, **so** könnte sie eine berühmte Pianistin werden.
3. **Hätte** der Arzt nicht eingegriffen, **so** wäre der Patient gestorben.
4. **Hätte** er mich erkannt, **so** hätte er mich gegrüßt.
5. **Regnete** es nicht, **so** gingen wir spazieren.
6. **Hätte** ich Platz für das Bild, **dann** würde ich es kaufen.
7. **Trüge** er eine Brille, **so** brauchte er seine Augen nicht so anzustrengen.
8. **Gäbe** es keinen Krieg, **dann** wären die Menschen glücklich.
9. **Schneite** es kräftig, **so** könnten wir Ski fahren.
10. **Schriebe** Elke, **so** würde ich sofort antworten.

Der Konjunktiv Irrealis: Irreale Bedingungssätze

Wiederholen Sie folgende Sätze **ohne „wenn“:**

B:
1. Wenn er pünktlich gekommen wäre, hätten wir mit der Arbeit beginnen können.
2. Sie könnte eine berühmte Pianistin werden, wenn sie eifriger übte.
3. Wenn der Arzt nicht eingegriffen hätte, wäre der Patient gestorben.
4. Er hätte mich gegrüßt, wenn er mich erkannt hätte.
5. Wenn es nicht regnete, gingen wir spazieren.
6. Ich würde das Bild kaufen, wenn ich Platz dafür hätte.
7. Wenn er eine Brille trüge, brauchte er seine Augen nicht so anzustrengen.
8. Die Menschen wären glücklich, wenn es keinen Krieg gäbe.
9. Wenn es kräftig schneite, könnten wir Ski fahren.
10. Ich würde sofort antworten, wenn Elke schriebe.

B: 1. Wenn Edgar nicht krank **wäre, könnte** er mitspielen.
Wenn Edgar nicht krank **gewesen wäre, hätte** er **mitspielen können.**

2. Ich **würde** eine große Reise machen, wenn ich reich **wäre.**
Ich **hätte** eine große Reise **gemacht,** wenn ich reich **gewesen wäre.**

3. Was **würdest** du machen, wenn du ein Filmstar **wärest?**
Was **hättest** du **gemacht,** wenn du ein Filmstar **gewesen wärest?**

4. Wenn wir nach London **führen, besuchte** ich den Tower.
Wenn wir nach London **gefahren wären, hätte** ich den Tower **besucht.**

5. Wenn der Student fleißig **arbeitete, könnte** er die Prüfung bestehen.
Wenn der Student fleißig **gearbeitet hätte, hätte** er die Prüfung **bestehen können.**

6. Ich **sähe** den Film noch einmal an, wenn er mir **gefiele.**
Ich **hätte** den Film noch einmal **angesehen,** wenn er mir **gefallen hätte.**

Der Konjunktiv Irrealis: Irreale Bedingungssätze

Bilden Sie **irreale Bedingungssätze** a) **Gegenwart**
b) **Vergangenheit**

B: 1. Wenn Edgar nicht krank ist, kann er mitspielen.
2. Ich mache eine große Reise, wenn ich reich bin.
3. Was machst du, wenn du ein Filmstar bist?
4. Wenn wir nach London fahren, besuche ich den Tower.
5. Wenn der Student fleißig arbeitet, kann er die Prüfung bestehen.
6. Ich sehe den Film noch einmal an, wenn er mir gefällt.

Der Konjunktiv Irrealis — Irreale Wunschsätze:
Auch die **starken Verben** bilden diese Form mit der **Präteritumform,** aber sie erhalten noch ein **„e“** und den **Umlaut (ä, ö, ü).**

ich	**käme**	wir **kämen**	**Ausnahmen:**	werfen	—	**würfe**
du	**kämest**	ihr **kämet**		sterben	—	**stürbe**
er, sie, es	**käme**	sie **kämen**		helfen	—	**hülfe**
		Sie **kämen**		stehen	—	**stünde**
				gewinne	—	**gewönne**

Modalverben und gemischte Verben: müßte, dürfte, könnte, brächte, ließe, dächte, möchte, nennte, rennte, kennte, brennte, sendete u. a.

B: 1. Wenn er doch **käme (gekommen wäre).**
2. Wenn sie doch die Illustrierte **brächte (gebracht hätte).**
3. Wenn er doch besser **schriebe (geschrieben hätte).**
4. Wenn die Schüler doch nicht so faul **wären (gewesen wären).**
5. Wenn wir doch rauchen **dürften (hätten rauchen dürfen).**
6. Wenn er doch nicht **stürbe (gestorben wäre).**
7. Wenn wir doch viel Geld **hätten (gehabt hätten).**
8. Wenn das Kind doch **äße (gegessen hätte).**

Der Konjunktiv Irrealis: Irreale Wunschsätze

Bilden Sie irreale Wunschsätze! a) **Gegenwart**
b) **Vergangenheit**

B: 1. Wenn er doch (kommen).
2. Wenn sie doch die Illustrierte (bringen).
3. Wenn er doch besser (schreiben).
4. Wenn die Schüler doch nicht so faul (sein).
5. Wenn wir doch rauchen (dürfen).
6. Wenn er doch nicht (sterben).
7. Wenn wir doch viel Geld (haben).
8. Wenn das Kind doch (essen).

Irreale Wunschsätze:

Wir bilden diese Form mit der **Präteritumform** für die **Gegenwart: lernte, machte, arbeitete.**

Die **Vergangenheit** bilden wir mit dem **Partizip Perfekt** + **hätte** oder **wäre.** (ich hätte, du hättest, er hätte)
(ich wäre, du wärest, er wäre)

B: 1. Wenn das Kind doch **spielte.**
Wenn das Kind doch **gespielt hätte.**
Spielte das Kind doch.
Hätte das Kind doch **gespielt.**
2. Wenn der Hund doch **hörte (gehört hätte).**
3. Wenn sie mir doch das Kleid **kaufte (gekauft hätte).**
4. Wenn er doch seine Wörter **lernte (gelernt hätte).**
5. Wenn es doch nicht **regnete (geregnet hätte).**
6. Wenn der Handwerker doch den Schaden **reparierte (repariert hätte).**
7. Wenn er doch nicht soviel **fragte (gefragt hätte).**
8. Wenn sie doch ein Telegramm **schickte (geschickt hätte).**

Der Konjunktiv Irrealis: Irreale Wunschsätze

Bilden Sie **irreale Wunschsätze**! **a) Gegenwart**
b) Vergangenheit

B: 1. Wenn das Kind doch (spielen).
2. Wenn der Hund doch (hören).
3. Wenn sie mir doch das Kleid (kaufen).
4. Wenn er doch seine Wörter (lernen).
5. Wenn es doch nicht (regnen).
6. Wenn der Handwerker doch den Schaden (reparieren).
7. Wenn er doch nicht soviel (fragen).
8. Wenn sie doch ein Telegramm (schicken).

Die Konjunktion **„da“** leitet einen Nebensatz ein, der eine **allgemein bekannte Tatsache** ausdrückt. Meistens wird dieser Gliedsatz mit dem Nebensatz begonnen. Die Konjunktion **„weil“** leitet einen Nebensatz ein, der den Sachverhalt des Hauptsatzes **begründen** will.

B: 1. **Da** die Bundesrepublik klein ist, müssen die Menschen auf engstem Raum miteinander leben.
2. Wir gehen heute abend ins Theater, **weil** wir „Die Weber“ von Gerhart Hauptmann sehen wollen.
3. **Da** Rauchen und Trinken der Gesundheit schaden, warnen viele Ärzte davor.
4. **Da** München von Jahr zu Jahr größer wird, nennt man die bayerische Metropole auch die heimliche Hauptstadt Deutschlands.
5. Wir fahren in die Berge, **weil** wir ausspannen wollen.
6. **Da** Deutsch eine schwere Sprache ist, muß der Lernende sehr viel Geduld aufbringen.

Gliedsätze: Der Kausalsatz („da" – „weil")

Setzen Sie **„da"** oder **„weil"** ein:

B: 1. – die Bundesrepublik klein ist, müssen die Menschen auf engstem Raum miteinander leben.
2. Wir gehen heute abend ins Theater, – wir „Die Weber" von Gerhart Hauptmann sehen wollen.
3. – Rauchen und Trinken der Gesundheit schaden, warnen viele Ärzte davor.
4. – München von Jahr zu Jahr größer wird, nennt man die bayerische Metropole auch die heimliche Hauptstadt Deutschlands.
5. Wir fahren in die Berge, – wir ausspannen wollen.
6. – Deutsch eine schwere Sprache ist, muß der Lernende sehr viel Geduld aufbringen.

Der Kausalsatz („damit“ – „um ... zu“):

Der Nebensatz mit **„um ... zu“** kann nur dann verwendet werden, wenn die **handelnden Rollen (Subjekte)** im **Haupt-** und **Nebensatz gleich** sind.

B: 1. Der Förster gibt den Tieren Futter, **damit** sie nicht verhungern.
2. Die Verkehrsvorschriften werden immer strenger, **damit** nicht so viele Unfälle passieren.
3. Man baut immer mehr Bergbahnen, **damit** die Touristen die Gipfel bequem erreichen.
4. Man will den Mond erforschen, **um** ihn für die Menschheit nutzbar **zu** machen.
5. Die Kinder müssen in die Schule gehen, **um** etwas **zu** lernen.
6. Wir zahlen Steuern, **damit** der Staat seine Aufgaben erfüllen kann.
7. Wir treiben Sport, **um** unsere Körper **zu** stärken.

Gliedsätze

Der Kausalsatz („damit" – „um ... zu")

Bilden Sie Gliedsätze mit der **Konjunktion „damit"**!
Verwenden Sie **„um ... zu"**, wenn es möglich ist:

B: 1. Der Förster gibt den Tieren Futter; sie sollen nicht verhungern.
2. Die Verkehrsvorschriften werden immer strenger; es sollen nicht so viele Unfälle passieren.
3. Man baut immer mehr Bergbahnen; die Touristen sollen die Gipfel bequem erreichen.
4. Man will den Mond erforschen; man will ihn für die Menschheit nutzbar machen.
5. Die Kinder müssen in die Schule gehen; sie sollen etwas lernen.
6. Wir zahlen Steuern; der Staat kann seine Aufgaben erfüllen.
7. Wir treiben Sport; wir wollen unsere Körper stärken.

Der **Kausalsatz** wird mit der **Konjunktion „weil"** eingeleitet und antwortet auf die Frage **„warum"**. Der **erste Sachverhalt** eines Gliedsatzes darf keine **Unbekannten** enthalten.

B: 1. **Weil** ich gern Süßspeisen mag, esse ich oft Pudding.
Ich esse oft Pudding, **weil** ich gern Süßspeisen mag.
2. **Weil** Kurt zu schnell fährt, steige ich nicht in sein Auto.
Ich steige nicht in Kurts Auto, **weil** er zu schnell fährt.
3. **Weil** Babette zu starken Kaffee trinkt, kann sie nicht schlafen.
Babette kann nicht schlafen, **weil** sie zu starken Kaffee trinkt.
4. **Weil** Fritz seine Brille verlegt hat, kann er nicht lesen.
Fritz kann nicht lesen, **weil** er seine Brille verlegt hat.
5. **Weil** Theo bei bester Gesundheit alt werden will, spielt er Golf.
Theo spielt Golf, **weil** er bei bester Gesundheit alt werden will.
6. **Weil** der Bauer die Maschinen auf dem Feld stehen läßt, verrosten sie.
Die Maschinen verrosten, **weil** sie der Bauer auf dem Feld stehen läßt.

Gliedsätze: Der Kausalsatz („weil“)

Bilden Sie Gliedsätze mit der **Konjunktion „weil“**!
Beginnen Sie die Sätze einmal mit dem **Nebensatz,** dann mit dem **Hauptsatz:**

B: 1. Ich mag Süßspeisen gern; deshalb esse ich oft Pudding.
2. Kurt fährt zu schnell; darum steige ich nicht in sein Auto.
3. Babette trinkt zu starken Kaffee; darum kann sie nicht schlafen.
4. Fritz hat seine Brille verlegt; darum kann er nicht lesen.
5. Theo will bei bester Gesundheit alt werden; deshalb spielt er Golf.
6. Der Bauer läßt die Maschinen auf dem Feld stehen; deswegen verrosten sie.

Drückt ein Sachverhalt einen gewissen **Zwang** aus, so kann man für **„müssen"** auch **„haben"** + **Infinitiv** setzen.

Das Hilfsverb **„können"** kann durch **„sein"** + **Infinitiv** ersetzt werden, wenn der Sachverhalt einen **Vorgang** darstellt und z. B. im **Passiv** ausgedrückt werden kann. Der **Infinitiv mit „zu"** steht am **Ende des Satzes.**

B: 1. Der Soldat **hat zu** gehorchen.
2. Diese Geschichte **ist** nicht **zu** glauben.
3. Du **hast** deine Aufgabe **zu** erfüllen.
4. Ihr **habt** den Schlafsaal auf**zu**räumen.
5. Dir **ist** nicht **zu** helfen.
6. Seine Gedanken **sind** nicht **zu** verstehen.
7. Er **hat** das Formular aus**zu**füllen.
8. Sie **ist** für ihre Tat nicht verantwortlich **zu** machen.

Der Infinitiv mit „zu" nach „haben" und „sein" als Ersatz für „müssen" und „können"

Bilden Sie **Infinitivsätze:**

B: 1. Der Soldat muß gehorchen.
2. Diese Geschichte kann man nicht glauben.
3. Du mußt deine Aufgabe erfüllen.
4. Ihr müßt den Schlafsaal aufräumen.
5. Dir kann niemand helfen.
6. Seine Gedanken kann man nicht verstehen.
7. Er muß das Formular ausfüllen.
8. Sie kann für ihre Tat nicht verantwortlich gemacht werden.

B: 1. **Wer** einmal lügt, **dem** glaubt man nicht, und wenn er auch die Wahrheit spricht.
2. Es war sehr wenig, **was** wir über die Stadtplanung erfahren konnten.
3. München ist eine Stadt, **die** durch ihre Bauwerke berühmt wurde und **deren** Theater von vielen Kunstfreunden besucht werden.
4. In den Alpen liegen herrliche Seen, **auf denen** man an warmen Tagen die Segler beobachten kann.
5. Der Bodensee, **an dessen** Ufern ausgedehnte Obstgärten liegen, wird auch das Schwäbische Meer genannt.
6. Unser Haus, **auf dem** sich eine hohe Fernsehantenne befindet, liegt sehr tief im Tal.
7. Elektrische Ladungen, **die** durch Blitzschlag entstehen, werden zur Erde abgeleitet.

Relativsätze (Zusammenfassung)

Setzen Sie die fehlenden **Pronomen** und **Präpositionen** ein:

B: 1. — einmal lügt, — glaubt man nicht, und wenn er auch die Wahrheit spricht.
2. Es war sehr wenig, — wir über die Stadtplanung erfahren konnten.
3. München ist eine Stadt, — durch ihre Bauwerke berühmt wurde und — Theater von vielen Kunstfreunden besucht werden.
4. In den Alpen liegen herrliche Seen, — — man an warmen Tagen die Segler beobachten kann.
5. Der Bodensee, — — Ufern ausgedehnte Obstgärten liegen, wird auch das Schwäbische Meer genannt.
6. Unser Haus, — — sich eine hohe Fernsehantenne befindet, liegt sehr tief im Tal.
7. Elektrische Ladungen, — durch Blitzschlag entstehen, werden zur Erde abgeleitet.

„wo“ – „was“:

Wir verwenden **„wo“**, wenn das Beziehungswort ein **Orts-** oder **Ländername** ist.

Wir verwenden **„was“** nach **„etwas, nichts, alles...“** und dann, wenn es sich auf den **Sachverhalt des vorhergehenden Satzes** bezieht.

B: 1. Der Kameramann fliegt morgen nach Afrika, **wo** er Aufnahmen von Elefanten machen soll.
2. Fritz hat seine Prüfung bestanden, **was** die Eltern sehr freut.
3. In der Innenstadt herrscht ein Verkehrschaos, **was** der Stadtverwaltung große Sorgen bereitet.
4. Heidelberg, **wo** viele Ausländer studieren, ist ein liebliches Städtchen am Neckar.
5. Die Aussicht vom Stuttgarter Fernsehturm war das Schönste, **was** ich auf unserer Reise erlebte.

Relativsätze: „wo“ – „was“

Bilden Sie **Relativsätze:**

B: 1. Der Kameramann fliegt morgen nach Afrika; dort soll er Aufnahmen von Elefanten machen.
2. Fritz hat seine Prüfung bestanden; das freut die Eltern sehr.
3. In der Innenstadt herrscht ein Verkehrschaos; das bereitet der Stadtverwaltung große Sorgen.
4. Heidelberg ist ein liebliches Städtchen am Neckar; viele Ausländer studieren dort.
5. Die Aussicht vom Stuttgarter Fernsehturm war das Schönste, – ich auf unserer Reise erlebte.

Relativpronomen nach Personalpronomen:

Nach **Personalpronomen** stehen **ebenso Relativpronomen** wie nach **Substantiven,** nur muß man dabei das **Geschlecht** (Maskulinum, Femininum) berücksichtigen.

B: 1. Ich, **der (die)** diese Stadt liebt, bleibe bis an mein Lebensende hier. Ich, **der ich** diese Stadt **liebe,** bleibe bis...
2. Ich gebe dir, **der (die)** nicht arbeiten will, keinen Pfennig mehr. Ich gebe dir, **der du** nicht arbeiten **willst,** keinen...
3. Man bittet uns, **denen** man eigentlich helfen muß, um Hilfe.
4. Wart ihr es, **die** gesprochen haben?
5. Wir möchten uns bei Ihnen, **den (die)** wir um Auskunft gebeten haben, bedanken.
6. Du bist es also, **der (die)** solche Gerüchte verbreitet.
7. Sie, **deren** Haus eingestürzt ist, werden in der Jugendherberge untergebracht.
8. Wir glauben euch, von **denen** man schlimme Dinge hört, nicht.

Relativsätze: Relativpronomen nach Personalpronomen

Setzen Sie die Relativpronomen ein:

B: 1. Ich, — diese Stadt liebt, bleibe bis an mein Lebensende hier.
2. Ich gebe dir, — nicht arbeiten will, keinen Pfennig mehr.
3. Man bittet uns, — man eigentlich helfen muß, um Hilfe.
4. Wart ihr es, — gesprochen haben?
5. Wir möchten uns bei Ihnen, — wir um Auskunft gebeten haben, bedanken.
6. Du bist es also, — solche Gerüchte verbreitet.
7. Sie (Plural!), — Haus eingestürzt ist, werden in der Jugendherberge untergebracht.
8. Wir glauben euch, von — man schlimme Dinge hört, nicht.

B: 1. Wie heißt der Beamte, mit **dem** du gesprochen hast?
2. Die Wohnung, in **der** Familie Engel lebt, muß unbedingt renoviert werden.
3. Ich habe deinen Brief erhalten, für **den** ich dir herzlich danke.
4. Wo ist denn der Zettel, auf **den** ich die Adresse geschrieben habe?
5. Der Forst, durch **den** wir wandern, wird von Oberförster Staubitzer kontrolliert.
6. Frau Sarti, bei **der** Galilei wohnte, war eine konservative Bürgerin.
7. Der Boxer, gegen **den** er kämpfen wird, hat keine Chance.
8. Die Gläser, aus **denen** wir trinken, sind echte Kristallgläser.

Relativsätze: Relativpronomen nach Präpositionen

Setzen Sie die **Relativpronomen** ein:

B: 1. Wie heißt der Beamte, mit — du gesprochen hast?
2. Die Wohnung, in — Familie Engel lebt, muß unbedingt renoviert werden.
3. Ich habe deinen Brief erhalten, für — ich dir herzlich danke.
4. Wo ist denn der Zettel, auf — ich die Adresse geschrieben habe?
5. Der Forst, durch — wir wandern, wird von Oberförster Staubitzer kontrolliert.
6. Frau Sarti, bei — Galilei wohnte, war eine konservative Bürgerin.
7. Der Boxer, gegen — er kämpfen wird, hat keine Chance.
8. Die Gläser, aus — wir trinken, sind echte Kristallgläser.

Relativpronomen im Genitiv:

der Baum, **dessen** ...	die Bäume, **deren** ...
die Tante, **deren** ...	die Tanten, **deren** ...
das Buch, **dessen** ...	die Bücher, **deren** ...

B: 1. Der Mann, **dessen** Frau im Krankenhaus liegt, fühlt sich einsam.

2. Die Kraftfahrer, **deren** Papiere nicht in Ordnung sind, werden aufgeschrieben.
3. Die Lehrerin, **deren** Klasse immer laut ist, wird vom Direktor ermahnt.
4. Die Rennfahrer, **deren** Wagen an den Boxen aufgetankt werden, bleiben startbereit.
5. Das Bild, **dessen** Rahmen zerbrochen ist, muß zum Glaser gebracht werden.
6. Die Bäume, **deren** Äste den Verkehr behindern, müssen gefällt werden.
7. Ein Geschäftsmann, **dessen** Waren nicht einwandfrei sind, verliert seine Kunden.
8. Politiker, **deren** Meinungen sehr oft wechseln, verlieren an Ansehen.

Relativsätze: Relativpronomen im Genitiv

Bilden Sie **Relativsätze:**

B: 1. Der Mann fühlt sich einsam; seine Frau liegt im Krankenhaus.
2. Die Kraftfahrer werden aufgeschrieben; ihre Papiere sind nicht in Ordnung.
3. Die Lehrerin wird vom Direktor ermahnt; ihre Klasse ist immer laut.
4. Die Rennfahrer bleiben startbereit; ihre Wagen werden an den Boxen aufgetankt.
5. Das Bild muß zum Glaser gebracht werden; sein Rahmen ist zerbrochen.
6. Die Bäume müssen gefällt werden; ihre Äste behindern den Verkehr.
7. Ein Geschäftsmann verliert seine Kunden; seine Waren sind nicht einwandfrei.
8. Politiker verlieren an Ansehen; ihre Meinungen wechseln sehr oft.

Relativpronomen im Dativ:

der Junge, **dem** ...	die Jungen, **denen** ...
die Frau, **der** ...	die Frauen, **denen** ...
das Kind, **dem** ...	die Kinder, **denen** ...

B: 1. Ist das der Arbeiter, **dem** du das Geld gegeben hast?
2. Die alte Dame, **der** wir vorige Woche zum Geburtstag gratuliert haben, ist gestorben.
3. Die Leute, **denen** du geholfen hast, wollen dich besuchen.
4. Das Mädchen, **dem** ich geschrieben habe, hat meinen Brief beantwortet.
5. Hier kommt Herr Schmidt, **dem** diese Fabrik gehört.
6. Inge, **der** Heinz Blumen gebracht hat, ist ganz überrascht.
7. Der Hotelangestellte, **dem** der Gast ein reichliches Trinkgeld gab, bedankt sich.
8. Die Besucher, **denen** es kalt war, saßen um den warmen Ofen.

Relativsätze: Relativpronomen im Dativ

Bilden Sie **Relativsätze:**

B: 1. Ist das der Arbeiter? Du hast ihm das Geld gegeben.
2. Die alte Dame ist gestorben; wir haben ihr vorige Woche zum Geburtstag gratuliert.
3. Die Leute wollen dich besuchen; du hast ihnen geholfen.
4. Das Mädchen hat meinen Brief beantwortet; ich habe ihm geschrieben.
5. Hier kommt Herr Schmidt; ihm gehört diese Fabrik.
6. Inge ist ganz überrascht; Heinz hat ihr Blumen gebracht.
7. Der Hotelangestellte bedankt sich; der Gast gab ihm ein reichliches Trinkgeld.
8. Die Besucher saßen um den warmen Ofen; es war ihnen kalt.

Relativpronomen im Akkusativ:

der Herr, **den ...**	die Herren, **die ...**
die Dame, **die ...**	die Damen, **die ...**
das Auto, **das ...**	die Autos, **die ...**

B: 1. Das ist der Herr, **den** wir gestern im Theater begrüßt haben.
2. Ist das die Verkäuferin, **die** du vorhin gefragt hast?
3. Das Kind, **das** wir gerufen haben, läuft her zu uns.
4. Die Kleider, **die** ihr genäht habt, sind nicht modisch.
5. Die Hunde, **die** du dressiert hast, wurden an die Polizei verkauft.
6. Die Straßen, **die** ihr neulich erst geteert habt, werden aufgerissen.
7. Der Kraftfahrer, **den** die Polizei wegen falschen Parkens aufgeschrieben hat, wird bestraft.
8. Der Meister, **den** der Lehrling aus der Kantine geholt hat, bringt die Maschine wieder in Gang.

Relativsätze: Relativpronomen im Akkusativ

Bilden Sie **Relativsätze:**

B: 1. Das ist der Herr; wir haben ihn gestern im Theater begrüßt.
2. Ist das die Verkäuferin? Du hast sie vorhin gefragt.
3. Das Kind läuft her zu uns; wir haben es gerufen.
4. Die Kleider sind nicht modisch; ihr habt sie genäht.
5. Die Hunde wurden an die Polizei verkauft; du hast die dressiert.
6. Die Straßen werden aufgerissen; ihr habt sie neulich erst geteert.
7. Der Kraftfahrer wird bestraft; die Polizei hat ihn wegen falschen Parkens aufgeschrieben.
8. Der Meister bringt die Maschine wieder in Gang; der Lehrling hat ihn aus der Kantine geholt.

Relativpronomen im Nominativ:

der Tisch, **der ...**	die Tische, **die ...**
die Lampe, **die ...**	die Lampen, **die ...**
das Haus, **das ...**	die Häuser, **die ...**

Das **Relativpronomen** leitet den **Nebensatz** ein und steht fast immer **nach** seinem **Beziehungswort.** Der **Relativsatz** gibt **Erklärungen, Erläuterungen** und **nähere Bezeichnungen** für das **Beziehungswort** oder für den **Hauptsatz.**

B: 1. Dort kommt der Herr, **der** gestern bei uns war.
2. Siehst du die Dame, **die** gerade den Saal betritt?
3. Wo ist das Bild, **das** hier an der Wand hing?
4. Hier stehen die Tische, **die** gestern geliefert wurden.
5. Kennst du den Jungen, **der** dort vor dem Kiosk steht?
6. Sie dankt dem Mädchen, **das** ihr geholfen hat.
7. Der Hotelbesitzer schickt dem Gast, **der** zwei Wochen bei ihm gewohnt hat, eine Rechnung.
8. Herr Unruh, **der** überarbeitet ist, möchte einmal richtig ausschlafen.

Relativsätze: Relativpronomen im Nominativ

Bilden Sie **Relativsätze:**

B: 1. Dort kommt der Herr; er war gestern bei uns.
2. Siehst du die Dame? Sie betritt gerade den Saal.
3. Wo ist das Bild? Es hing hier an der Wand.
4. Hier stehen die Tische; sie wurden gestern geliefert.
5. Kennst du den Jungen? Er steht dort vor dem Kiosk.
6. Sie dankt dem Mädchen; es hat ihr geholfen.
7. Der Hotelbesitzer schickt dem Gast eine Rechnung; der Gast hat zwei Wochen bei ihm gewohnt.
8. Herr Unruh möchte einmal richtig ausschlafen; er ist überarbeitet.

Indirekte Fragesätze:

Hier übernehmen die **Fragepronomen** die Funktion der **Konjunktion.** Ist **kein Fragewort** gegeben, so verwenden wir bei Sachverhalten, die eine Unsicherheit ausdrücken, die **Konjunktion „ob“.**

B:
1. Ich weiß nicht, **warum** das Kind weint.
2. Wir möchten wissen, **wohin** du gehst.
3. Sage mir bitte, **was** du morgen machst!
4. Ich kann mir nicht denken, **wo** du schlafen wirst.
5. Darf ich dich fragen, **wer** bei euch wohnt?
6. Er erkundigt sich im Auskunftsbüro, **wann** der Zug ankommt.
7. Sagt mir doch, **wovon** ihr gesprochen habt!
8. Es ist nicht sicher, **ob** man diesen Plan ausführen kann.
9. Es ist nicht bekannt, **ob** die Verunglückten gefunden worden sind.
10. Es ist mir nicht klar, **ob** dieser Satz richtig ist.

Indirekte Fragesätze

Bilden Sie **Gliedsätze** mit folgenden Angaben:

B: 1. Warum weint das Kind? Ich weiß (es) nicht.
2. Wohin gehst du? Wir möchten (es) wissen.
3. Was machst du morgen? Sage (es) mir bitte!
4. Wo wirst du schlafen? Ich kann (es) mir nicht denken.
5. Wer wohnt bei euch? Darf ich dich fragen?
6. Wann kommt der Zug an? Er erkundigt sich im Auskunftsbüro.
7. Wovon habt ihr gesprochen? Sagt (es) mir doch!
8. Kann man diesen Plan ausführen? Es ist nicht sicher.
9. Sind die Verunglückten gefunden worden? Es ist nicht bekannt.
10. Ist dieser Satz richtig? Es ist mir nicht klar.

Reflexivpronomen mit dem Akkusativ und Dativ:

ich	freue	**mich**	ich	hole	**mir**	das Buch
du	freust	**dich**	du	holst	**dir**	das Buch
er, sie, es	freut	**sich**	er, sie, es	holt	**sich**	das Buch
wir	freuen	**uns**	wir	holen	**uns**	die Bücher
ihr	freut	**euch**	ihr	holt	**euch**	die Bücher
sie	freuen	**sich**	sie	holen	**sich**	die Bücher
Sie	freuen	**sich**	Sie	holen	**sich**	die Bücher

B: 1. Ich kaufe **mir** ein Buch.
2. Warum wäschst du **dich** nicht?
3. Wir lassen **uns** ein Haus bauen.
4. Er holt **sich** eine Zeitung.
5. Freut ihr **euch?**
6. Die Werktätigen erholen **sich** im Urlaub.
7. Ich muß **mich** ins Bett legen.
8. Nimmst du **dir** für das Wochenende nichts vor?

Reflexivpronomen mit dem Akkusativ und Dativ

Setzen Sie die richtigen **Pronomen** ein:

B: 1. Ich kaufe — ein Buch.
2. Warum wäschst du — nicht?
3. Wir lassen — ein Haus bauen.
4. Er holt — eine Zeitung.
5. Freut ihr —?
6. Die Werktätigen erholen — im Urlaub.
7. Ich muß — ins Bett legen.
8. Nimmst du — für das Wochenende nichts vor?

B: 1. Immer **wenn** die Turmuhr schlug, freute ich mich über ihren schönen Klang.
2. Die Verkäuferin grüßte höflich, **als** ich das Geschäft betrat.
3. Wir stellen uns unter das Vordach, **bis** der Regen aufhört.
4. Kannst du Wörter lernen, **während** das Radio spielt?
5. **Seitdem** Carlo bei einer deutschen Familie wohnt, spricht er besser Deutsch.
6. Du mußt die Nummer wählen, **bevor** du telefonierst.
7. **Nachdem** wir das Stück im Theater gesehen hatten, gab es eine heftige Diskussion.
8. Er ist auf seine Eltern angewiesen, **solange** sie ihm Geld für sein Studium schicken.
9. **Sobald (wenn)** wir die Prospekte haben, buchen wir unsere Reise.
10. **Nachdem** die Wahlvorschläge eingebracht worden waren, konnte die Abstimmung beginnen.

Gliedsätze: Temporalsätze (Zusammenfassung)

Setzen Sie die passenden **Konjunktionen** ein:

B:

1. Immer — die Turmuhr schlug, freute ich mich über ihren schönen Klang.
2. Die Verkäuferin grüßte höflich, — ich das Geschäft betrat.
3. Wir stellen uns unter das Vordach, — der Regen aufhört.
4. Kannst du Wörter lernen, — das Radio spielt?
5. — Carlo bei einer deutschen Familie wohnt, spricht er besser Deutsch.
6. Du mußt die Nummer wählen, — du telefonierst.
7. — wir das Stück im Theater gesehen hatten, gab es eine heftige Diskussion.
8. Er ist auf seine Eltern angewiesen, — sie ihm Geld für sein Studium schicken.
9. — wir die Prospekte haben, buchen wir unsere Reise.
10. — die Wahlvorschläge eingebracht worden waren, konnte die Abstimmung beginnen.

„seitdem“ „solange“ „bis“

B:
1. **Seitdem** Onkel Max nicht mehr raucht, fühlt er sich besser.
2. Wir warten an der Haltestelle, **bis** der Bus kommt.
3. **Solange** das Wetter schön ist, muß man an die Luft gehen.
4. Hans übt die Beispielsätze, **bis** er sie kann.
5. **Seitdem** wir regelmäßig Gemüsesäfte trinken, haben wir keine Darmbeschwerden mehr.
6. Die Jungen blieben draußen, **solange** es hell war.
7. Die Kinder spielten draußen, **bis** es dunkel wurde.
8. Hast du nichts dazugelernt, **seitdem** du die Schule verlassen hast?
9. **Solange** ich keine Zahnschmerzen habe, gehe ich nicht zum Zahnarzt.
10. Ich warte, **bis** ich die Schmerzen nicht mehr ertragen kann.

Gliedsätze: Temporalsätze — „seitdem" „solange" „bis"

Setzen Sie die passenden **Konjunktionen** ein:

B: 1. — Onkel Max nicht mehr raucht, fühlt er sich besser.
2. Wir warten an der Haltestelle, — der Bus kommt.
3. — das Wetter schön ist, muß man an die Luft gehen.
4. Hans übt die Beispielsätze, — er sie kann.
5. — wir regelmäßig Gemüsesäfte trinken, haben wir keine Darmbeschwerden mehr.
6. Die Jungen blieben draußen, — es hell war.
7. Die Kinder spielten draußen, — es dunkel wurde.
8. Hast du nichts dazugelernt, — du die Schule verlassen hast?
9. — ich keine Zahnschmerzen habe, gehe ich nicht zum Zahnarzt.
10. Ich warte, — ich die Schmerzen nicht mehr ertragen kann.

„sobald“ „während“ „bevor“

Hauptsatz und Nebensatz stehen in der gleichen Zeit.

B:
1. **Während** die Kinder spielen, hat die Mutter Ruhe.
2. Ich informiere mich gut, **bevor** ich ein neues Auto kaufe.
3. **Sobald** ich Geld habe, fahre ich zur Erholung in den Schwarzwald.
4. Sie denkt gut nach, **bevor** sie ihre Meinung sagt.
5. **Während** sie auf den Bildschirm starren, trinken sie Bier.
6. **Bevor** du gekommen bist, habe ich aufgeräumt.
7. Ich lasse mir ein Schwimmbad bauen, **sobald** ich im Lotto gewinne.
8. **Während** der Chor singt, sollen die Zuhörer schweigen.
9. Trinkt ihr Kaffee, **bevor** ihr schlafen geht?
10. **Sobald** der Vater heimkommt, wird zu Abend gegessen.

Gliedsätze: Temporalsätze — „sobald“ „während“ „bevor“

Setzen Sie die passenden **Konjunktionen** ein:

B:
1. — die Kinder spielen, hat die Mutter Ruhe.
2. Ich informiere mich gut, — ich ein neues Auto kaufe.
3. — ich Geld habe, fahre ich zur Erholung in den Schwarzwald.
4. Sie denkt gut nach, — sie ihre Meinung sagt.
5. — sie auf den Bildschirm starren, trinken sie Bier.
6. — du gekommen bist, habe ich aufgeräumt.
7. Ich lasse mir ein Schwimmbad bauen, — ich im Lotto gewinne.
8. — der Chor singt, sollen die Zuhörer schweigen.
9. Trinkt ihr Kaffee, — ihr schlafen geht?
10. — der Vater heimkommt, wird zu Abend gegessen.

„nachdem“:

Sie müssen hier die **Zeitenfolge** beachten: **Präsens – Perfekt**
Präteritum – Plusquamperfekt

B: 1. **Nachdem** wir **gegessen hatten, gingen** wir spazieren.
2. **Nachdem** ich **eingekauft habe, bezahle** ich sofort.
3. **Nachdem** ich eine Fahrkarte **gekauft habe, gehe** ich zum Zug.
4. **Nachdem** er die Geräte **geholt hat, arbeitet** er im Garten.
5. Das Hochhaus **wird gebaut, nachdem** der Bauingenieur die Baugenehmigung **besorgt hat.**
6. Die Fichten **wurden geschlagen, nachdem** sie der Förster **markiert hatte.**
7. Das Auto **wurde zugelassen, nachdem** es **geprüft worden war.**
8. Das Flugzeug **rollte** zum Startplatz, **nachdem** die Passagiere **eingestiegen waren.**

Gliedsätze: Temporalsätze – „nachdem"

Bilden Sie Gliedsätze mit der **Konjunktion „nachdem"**:

B: 1. Wir hatten gegessen; wir gingen spazieren.
2. Ich bezahle sofort; ich habe eingekauft.
3. Bevor ich zum Zug gehe, kaufe ich eine Fahrkarte.
4. Bevor er im Garten arbeitet, holt er die Geräte.
5. Das Hochhaus wird gebaut; der Bauingenieur besorgt die Baugenehmigung.
6. Die Fichten wurden geschlagen; der Förster markierte sie.
7. Das Auto wurde zugelassen; es wurde geprüft.
8. Das Flugzeug rollte zum Startplatz; die Passagiere stiegen ein.

„wenn“ oder **„als“:**

Die Konjunktion **„als“** leitet den **Nebensatz** in der **Vergangenheit** ein. Drückt der Satz eine **mehrmalige Handlung** aus, so muß auch in der **Vergangenheit „wenn“** stehen.

B: 1. **Als** wir nach Frankfurt kamen, regnete es.
2. Tante Anna brachte **immer** etwas mit, **wenn** sie uns besuchte.
3. **Als** ich nach Hause kam, **fand** ich die Tür offen.
4. Es war kein Ball da, **als** das Spiel beginnen sollte.
5. **Jedesmal wenn** ich nach Rom kam, schien die Sonne.
6. Bist du Herrn Huber begegnet, **als** du in der Bank warst?
7. Sie fuhren **meistens** an die See, **wenn** sie Ferien hatten.
8. **Als** die Feuerwehr den Brandplatz erreichte, war das Gebäude schon niedergebrannt.

Gliedsätze: Temporalsätze – „wenn“ oder **„als“?**

Setzen Sie die richtige **Konjunktion** ein:

B: 1. — wir nach Frankfurt kamen, regnete es.
2. Tante Anna brachte immer etwas mit, — sie uns besuchte.
3. — ich nach Hause kam, fand ich die Tür offen.
4. Es war kein Ball da, — das Spiel beginnen sollte.
5. Jedesmal — ich nach Rom kam, schien die Sonne.
6. Bist du Herrn Huber begegnet, — du in der Bank warst?
7. Sie fuhren meistens an die See, — sie Ferien hatten.
8. — die Feuerwehr den Brandplatz erreichte, war das Gebäude schon niedergebrannt.

Der Bedingungssatz ohne „wenn“:

Wenn wir den **Bedingungssatz ohne „wenn“** bilden, erhält der **Nebensatz** die Form eines **Fragesatzes,** d. h. das Verb steht an erster Stelle. Der **Hauptsatz** kann in diesem Falle nur das **Ende** des **Gliedsatzes** bilden. Er wird mit **„so“** oder **„dann“** eingeleitet.

B: 1. **Kommst** du, **so** gehen wir spazieren.
2. **Liest** er, **dann** will er nicht gestört werden.
3. **Näht** sie, **so** braucht sie gutes Licht.
4. **Arbeiten** wir, **dann** brauchen wir Ruhe.
5. **Hörst** du zu, **so** erzähle ich dir eine Geschichte.
6. **Seid** ihr hungrig, **dann** müßt ihr essen.
7. **Bist** du mein Freund, **so** mußt du mir helfen.
8. **Gibst** du ein Versprechen, **dann** mußt du es halten.

Gliedsätze

Der Bedingungssatz ohne „wenn“

Wiederholen Sie folgende **Bedingungssätze ohne „wenn“:**

B: 1. Wenn du kommst, gehen wir spazieren.
2. Wenn er liest, will er nicht gestört werden.
3. Wenn sie näht, braucht sie gutes Licht.
4. Wenn wir arbeiten, brauchen wir Ruhe.
5. Wenn du zuhörst, erzähle ich dir eine Geschichte.
6. Wenn ihr hungrig seid, müßt ihr essen.
7. Wenn du mein Freund bist, mußt du mir helfen.
8. Wenn du ein Versprechen gibst, mußt du es halten.

Der Bedingungssatz („wenn“):

„wenn“ ist ein **Bindewort** (eine **Konjunktion**) und leitet einen Nebensatz ein. Im **Nebensatz** steht **das konjugierte Verb am Ende.** Wenn der **Nebensatz** den **Gliedsatz einleitet,** steht das **Verb** des Hauptsatzes gleich **nach dem Komma.**

B: 1. **Wenn** du fleißig **arbeitest, verdienst** du Geld.
Du verdienst Geld, **wenn** du fleißig **arbeitest.**

2. **Wenn** er keine Aufenthaltsgenehmigung **hat, muß** er das Land verlassen. Er muß das Land verlassen, **wenn** er keine Aufenthaltsgenehmigung **hat.**

3. **Wenn** wir unsere Prüfung **bestehen, feiern** wir. Wir feiern, **wenn** wir unsere Prüfung **bestehen.**

4. **Wenn** ihr krank **seid, müßt** ihr im Bett bleiben.
Ihr müßt im Bett bleiben, **wenn** ihr krank **seid.**

5. **Wenn** du viel **rauchst, zerstörst** du deine Gesundheit.
Du zerstörst deine Gesundheit, **wenn** du viel **rauchst.**

6. **Wenn** er viel Bier **trinkt, wird** er dick. Er wird dick, **wenn** er viel Bier **trinkt.**

7. **Wenn** es **regnet, bleiben** wir zu Hause. Wir bleiben zu Hause, **wenn** es regnet.

Gliedsätze (Hauptsatz – Nebensatz)

Der Bedingungssatz („wenn“)

Bilden Sie aus folgenden Angaben **Bedingungssätze!** Setzen Sie einmal den **Hauptsatz** an den **Anfang,** dann den **Nebensatz:**

B: 1. Du arbeitest fleißig; du verdienst Geld.
2. Er hat keine Aufenthaltsgenehmigung; er muß das Land verlassen.
3. Wir bestehen unsere Prüfung; wir feiern.
4. Ihr seid krank; ihr müßt im Bett bleiben.
5. Du rauchst viel; du zerstörst deine Gesundheit.
6. Er trinkt viel Bier; er wird dick.
7. Es regnet; wir bleiben zu Hause.

Ländernamen und Sprachen:

B:
1. Japaner, Japanerin, Japanisch
2. Italiener, Italienerin, Italienisch
3. Türke, Türkin, Türkisch
4. Amerikaner, Amerikanerin, Englisch
5. Spanier, Spanierin, Spanisch
6. Franzose, Französin, Französisch
7. Schweizer, Schweizerin, Deutsch, Italienisch, Französisch
8. Pole, Polin, Polnisch
9. Russe, Russin, Russisch
10. Holländer, Holländerin, Holländisch
11. Schwede, Schwedin, Schwedisch
12. Jordanier, Jordanierin, Arabisch
13. Israeli, Israelin, Hebräisch
14. Schotte, Schottin, Englisch
15. Finne, Finnin, Finnisch

Ländernamen und Sprachen

Wie nennt man die **Angehörigen** folgender **Länder?**
Welche **Sprache** sprechen sie?

B: 1. Japan	5. Spanien	9. Rußland	13. Israel
2. Italien	6. Frankreich	10. Holland	14. Schottland
3. die Türkei	7. die Schweiz	11. Schweden	15. Finnland
4. Amerika	8. Polen	12. Jordanien	

Die Verkleinerungsendsilben „-chen“ und „-lein“:

der Hund	**das Hündlein**	das Ohr	**das Öhrlein**
der Baum	**das Bäumlein**	die Uhr	**das Ührchen**
der Garten	**das Gärtchen**	der Rock	**das Röcklein**
die Lampe	**das Lämplein**	das Buch	**das Büchlein**

B: 1. Die Mutter singt dem **Kindlein** ein Schlaflied.
2. Wir sollen **Brötchen** kaufen.
3. Trink doch noch einen Schluck, **Väterchen**!
4. Ein **Männlein** steht im Walde, ganz still und stumm.
5. Das **Häschen** spielt im Sonnenschein.
6. Die Puppe braucht ein **Mützlein**.
7. Er ist völlig durcheinander; er ist aus dem **Häuschen**.
8. Wer sammelt die **Bildchen**?

Die Verkleinerungsendsilben „-chen“ und „-lein“

Verändern Sie in den folgenden Sätzen die **hervorgehobenen Substantive** durch **Verkleinerungssilben:**

B: 1. Die Mutter singt **dem Kind** ein Schlaflied.
2. Wir sollen **Brote** kaufen.
3. Trink doch noch einen Schluck, **Vater**!
4. Ein **Mann** steht im Walde, ganz still und stumm.
5. Der **Hase** spielt im Sonnenschein.
6. Die Puppe braucht eine **Mütze.**
7. Er ist völlig durcheinander; er ist aus dem **Haus.**
8. Wer sammelt die **Bilder?**

B: 1. **Man dankt** dem Spender.
2. **Man konnte** den Dieb nicht **beobachten.**
3. Der Bäcker **hat** die Brote **gebacken.**
4. **Man muß** dem Politiker **widersprechen.**
5. Die Hausfrau **hatte** die Wohnung **aufgeräumt.**
6. **Man konnte** dem Verunglückten **helfen.**
7. **Man wird** das Gras **mähen.**
8. Die Bäuerin **hat** die Kuh **gemolken.**
9. **Man soll (wird)** dieses Haus **abreißen.**
10. **Man kann** diesem Kerl nicht **glauben.**

Das Passiv (Zusammenfassung)

Setzen Sie folgende Sätze in das **Aktiv:**

B:
1. Es wird dem Spender gedankt.
2. Der Dieb konnte nicht beobachtet werden.
3. Die Brote sind vom Bäcker gebacken worden.
4. Dem Politiker muß widersprochen werden.
5. Die Wohnung war von der Hausfrau aufgeräumt worden.
6. Dem Verunglückten konnte geholfen werden.
7. Das Gras wird gemäht werden.
8. Die Kuh ist von der Bäuerin gemolken worden.
9. Dieses Haus soll abgerissen werden.
10. Diesem Kerl kann nicht geglaubt werden.

B: 1. Die Tür **ist geschlossen worden.** Jetzt ist sie geschlossen.
2. Die Suppe **ist gekocht worden.**
3. Die Hafenrundfahrt **ist beendet worden.**
4. Das Auto **ist verkauft worden.**
5. Der Brief **ist geschrieben worden.**
6. Die Wiese **ist bewässert worden.**
7. Die Fische **sind gefangen worden.**
8. Das Fest **ist eröffnet worden.**
9. Der Film **ist gedreht worden.**
10. Der Löwe **ist dressiert worden.**

Das Passiv, ein Vorgang, dem das „Sein“ folgt.

Welcher **Vorgang** muß vor folgenden Sachverhalten des **„Seins“** geschehen sein? Bilden Sie **Passivsätze im Perfekt:**

B: 1. Die Tür ist geschlossen.
2. Die Suppe ist gekocht.
3. Die Hafenrundfahrt ist beendet.
4. Das Auto ist verkauft.
5. Der Brief ist geschrieben.
6. Die Wiese ist bewässert.
7. Die Fische sind gefangen.
8. Das Fest ist eröffnet.
9. Der Film ist gedreht.
10. Der Löwe ist dressiert.

Das Passiv ohne Subjekt:

Hat der **Aktivsatz** nur ein **Dativobjekt,** so kann man für den **Passivsatz kein Subjekt** finden. Wir setzen dann das **Dativobjekt** an den Satzanfang und verbinden es mit der **Verbform** der **dritten Person** oder wir beginnen den Satz mit **„es“**.

B: 1. **Ihr** wird gedankt. **Es** wird ihr gedankt.
2. **Dem** Kapitän wurde geholfen. **Es** wurde ihm geholfen.
3. **Dem** Minister ist widersprochen worden. Es ist ihm widersprochen worden.
4. **Dem** Arzt wird vertraut. **Es** wird ihm vertraut.
5. **Dem** Werkmeister ist gehorcht worden. **Es** ist ihm gehorcht worden.
6. **Der** Polizei wird gedroht. **Es** wird ihr gedroht.
7. **Dem** Retter wurde gedankt. **Es** wurde ihm gedankt.
8. **Dem** Lügner ist nicht geglaubt worden. **Es** ist ihm nicht geglaubt worden.

Das Passiv ohne Subjekt

Setzen Sie folgende Sätze in das **Passiv:**

Beginnen Sie diese Sätze mit dem **Dativobjekt** oder mit **„es“:**

B: 1. Man dankt ihr.
2. Die Matrosen halfen dem Kapitän.
3. Man hat dem Minister widersprochen.
4. Man vertraut dem Arzt.
5. Der Lehrling hat dem Werkmeister gehorcht.
6. Die Verbrecher drohen der Polizei.
7. Man dankte dem Retter.
8. Man hat dem Lügner nicht geglaubt.

Das Passiv mit Modalverben:

Präsens:
es soll gemacht werden

Präteritum:
es sollte gemacht werden

Perfekt:
es hat gemacht werden sollen

Plusquamperfekt:
es hatte gemacht werden sollen

Futur:
es wird gemacht werden sollen

B: 1. Der Stecker **kann** von dem Vater **repariert werden.**
2. Der Brief **hat** von Anton **geschrieben werden müssen.**
3. Der Anzug **sollte** von dem Schneider **genäht werden.**
4. Dem Kranken **hatte** von dem Arzt **geholfen werden können.**
5. Auf dieser Straße **darf** nicht **gehalten werden.**
6. Der Verletzte **mußte operiert werden.**
7. Der Knopf **hat** von uns nicht **gefunden werden können.**
8. Die Fenster **haben** von der Reinigungsfirma **geputzt werden sollen.**

Das Passiv mit Modalverben

Setzen Sie folgende Sätze in das **Passiv,** aber achten Sie auf die **Zeit:**

B: 1. Der Vater kann den Stecker reparieren.
2. Anton hat den Brief schreiben müssen.
3. Der Schneider sollte den Anzug nähen.
4. Der Arzt hatte dem Kranken helfen können.
5. Auf dieser Straße darf man nicht halten.
6. Man mußte den Verletzten operieren.
7. Wir haben den Knopf nicht finden können.
8. Die Reinigungsfirma hat die Fenster putzen sollen.

Das Passiv

Präsens:
ich **werde gefragt**

Präteritum:
ich **wurde gefragt**

Perfekt:
ich **bin gefragt worden**

Plusquamperfekt:
ich **war gefragt worden**

Futur:
ich **werde gefragt werden**

B: 1. Der Kanarienvogel **wird** von Bert **gefüttert.**
2. Der Baum **ist** von mir **gefällt worden.**
3. Das Ziel **war** von den Marathonläufern **erreicht worden.**
4. Die Motoren **werden** von dem Piloten **angelassen werden.**
5. Der Schüler **ist** von dem Direktor **gerufen worden.**
6. Die Flugkarten **wurden** von der Stewardeß **kontrolliert.**
7. Die Aufgabe **wird** von Karl **gelöst.**
8. Die Landebahn **ist** von Schnee und Eis **befreit worden.**

Anmerkung: Das Futur II wurde nicht aufgeführt, weil es fast völlig aus dem Sprachgebrauch verschwunden ist.

Das Passiv

Setzen Sie folgende Sätze in das **Passiv,** aber achten Sie auf die **Zeit:**

B: 1. Bert füttert den Kanarienvogel.
2. Ich habe den Baum gefällt.
3. Die Marathonläufer hatten das Ziel erreicht.
4. Der Pilot wird die Motoren anlassen.
5. Der Direktor hat den Schüler gerufen.
6. Die Stewardeß kontrollierte die Flugkarten.
7. Karl löst die Aufgabe.
8. Man hat die Landebahn von Schnee und Eis befreit.

Das Passiv (Präsens):

ich	**werde gelobt**	wir	**werden gelobt**
du	**wirst gelobt**	ihr	**werdet gelobt**
er, sie, es	**wird gelobt**	sie	**werden gelobt**
		Sie	**werden gelobt**

Wir bilden das **Passiv** mit dem **Hilfsverb „werden"** und dem **Partizip Perfekt.**

B: 1. Die Illustrierte **wird** von Gustav **gebracht.**
2. Das Schreiben **wird** von mir **beantwortet.**
3. Das Gedicht **wird** von dir **geschrieben.**
4. Die Zeichnung **wird** von uns **angefertigt.**
5. Das Klavier **wird** von ihr **verkauft.**
6. Die Tomaten **werden** von euch **geschnitten.**
7. Das Kind **wird** von den Eltern **gefragt.**
8. Das Schwein **wird** von dem Metzger **geschlachtet.**

Das Passiv

Setzen Sie folgende Sätze in das **Passiv:**

B: 1. Gustav bringt die Illustrierte.
2. Ich beantworte das Schreiben.
3. Du schreibst das Gedicht.
4. Wir fertigen die Zeichnung an.
5. Sie verkauft das Klavier.
6. Ihr schneidet die Tomaten.
7. Die Eltern fragen das Kind.
8. Der Metzger schlachtet das Schwein.

Die Anwendung des Plusquamperfekts

Wenn ich einen **Sachverhalt** darstellen will, der **zeitlich vor dem Präteritum** liegt, muß ich immer das **Plusquamperfekt** verwenden.

B: 1. Wir gingen ins Kino; vorher **hatten** wir Karten **gekauft.**
2. Er besuchte Nina; vorher **hatte** er sie **angerufen.**
3. Sie kaufte Schuhe; vorher **hatte** sie ins Schaufenster **geblickt.**
4. Ihr machtet eine Reise; vorher **hattet** ihr alles **geplant.**
5. Der Betriebsrat hatte eine Sitzung; vorher **hatte** man die Tagesordnung **aufgestellt.**

Die Anwendung des Plusquamperfekts

Vorherzeit des Präteritums

Vervollständigen Sie folgende Sätze:

B: 1. Wir gingen ins Kino; vorher Karten kaufen.
2. Er besuchte Nina; vorher anrufen.
3. Sie kaufte Schuhe; vorher ins Schaufenster blicken.
4. Ihr machtet eine Reise; vorher alles planen.
5. Der Betriebsrat hatte eine Sitzung; vorher die Tagesordnung aufstellen.

Das Plusquamperfekt (die Vorvergangenheit):

ich **hatte**	**gelernt**	ich **war**	**gefahren**
du **hattest**	**gelernt**	du **warst**	**gefahren**
ich **hatte**	**gehabt**	ich **war**	**gewesen**
du **hattest**	**gehabt**	du **warst**	**gewesen**

Das **Plusquamperfekt** bilden wir mit **„hatte"** oder **„war"** + **Partizip Perfekt.**

B:
1. Wir **hatten** den Wein **probiert.**
2. Der Hase **war** den Jägern **entkommen.**
3. Er **hatte** den Füller **weggelegt.**
4. Sie **hatte** ins Büro **gehen müssen.**
5. Der Junge **war** über den Zaun **gesprungen.**
6. Wir **hatten** ihm ein Paket **gesandt.**
7. Er **hatte** kein Streichholz **gehabt.**
8. Ulrich **war** fleißig **gewesen.**
9. Wir **hatten** den Lärm nicht **gehört.**
10. Ihr **wart** nicht **gekommen.**

Das Plusquamperfekt (die Vorvergangenheit)

Setzen Sie folgende Sätze in das **Plusquamperfekt:**

B: 1. Wir probierten den Wein.
2. Der Hase entkam den Jägern.
3. Er legte den Füller weg.
4. Sie muß ins Büro gehen.
5. Der Junge sprang über den Zaun.
6. Wir sandten ihm ein Paket.
7. Er hat kein Streichholz.
8. Ulrich ist fleißig.
9. Wir hörten den Lärm nicht.
10. Ihr kamt nicht.

B: 1. Das **verlorene** Armband war sehr wertvoll.
2. Hat dir das **gekochte** Fleisch geschmeckt?
3. Wir müssen den **gefrorenen** Fisch erst auftauen.
4. Ein **gebranntes** Kind scheut das Feuer.
5. Willst du meinen **getragenen** Anzug haben?
6. Wir marschieren auf den **geschmückten** Festplatz.
7. Die Mutter pflegt ihr **geliebtes** Kind.
8. Der Hund frißt das **gestohlene** Fleisch.
9. Wir freuen uns über den **gelungenen** Abend.
10. Wo sind die **geliehenen** Bücher?

Das Partizip Perfekt

Setzen Sie das **Partizip Perfekt** als **Attribut** ein:

B:
1. Das (verlieren) Armband war sehr wertvoll.
2. Hat dir das (kochen) Fleisch geschmeckt?
3. Wir müssen den (gefrieren) Fisch erst auftauen.
4. Ein (brennen) Kind scheut das Feuer.
5. Willst du meinen (tragen) Anzug haben?
6. Wir marschieren auf den (schmücken) Festplatz.
7. Die Mutter pflegt ihr (lieben) Kind.
8. Der Hund frißt das (stehlen) Fleisch.
9. Wir freuen uns über den (gelingen) Abend.
10. Wo sind die (leihen) Bücher?

Das Partizip Präsens:

frierend	singend
schwitzend	kommend
hungernd	gehend
stehlend	bauend

B: 1. Die **frierenden** Tiere suchen Schutz.
2. Die **schwitzenden** Bauern trinken Bier.
3. Wir helfen den **hungernden** Vögeln.
4. Der Jäger beobachtet den **stehlenden** Fuchs.
5. Wer gibt dem **bettelnden** Mann etwas?
6. Schreiben Sie **folgende** Wörter in das Heft!
7. Haben Sie schon einmal **tanzende** Mönche gesehen?
8. Unser Meister ist ein **aufbrausender** Mensch.
9. Im Winter kommen die **heulenden** Wölfe bis zur Stadtgrenze.
10. Der Kerl sprang aus dem **fahrenden** Zug.

Das Partizip Präsens

Setzen Sie das **Partizip Präsens** als **Attribut** ein:

B: 1. Die (frieren) Tiere suchen Schutz.
2. Die (schwitzen) Bauern trinken Bier.
3. Wir helfen den (hungern) Vögeln.
4. Der Jäger beobachtet den (stehlen) Fuchs.
5. Wer gibt dem (betteln) Mann etwas?
6. Schreiben Sie (folgen) Wörter in das Heft!
7. Haben Sie schon einmal (tanzen) Mönche gesehen?
8. Unser Meister ist ein (aufbrausen) Mensch.
9. Im Winter kommen die (heulen) Wölfe bis zur Stadtgrenze.
10. Der Kerl sprang aus dem (fahren) Zug.

Der Gebrauch des Perfekts

Wenn ich einen **Sachverhalt** darstellen will, der **zeitlich vor dem Präsens** liegt, muß ich immer das **Perfekt** verwenden.

B: 1. Ich esse jetzt; vorher **habe** ich mir die Hände **gewaschen.**
2. Vater liest ein Buch; vorher **hat** er das Buch aus dem Bücherschrank **geholt.**
3. Udo schreibt; vorher **hat** er die Schreibmaschine **zurechtgestellt.**
4. Wir spielen Handball; vorher **haben** wir die Bälle aus dem Schrank **geholt.**
5. Ihr geht aus; vorher **habt** ihr euch gut **angezogen.**
6. Wir **haben gegessen;** jetzt rauchen wir Zigaretten.
7. Die Kinder **haben gespielt,** jetzt müssen sie nach Hause gehen.
8. Der Handwerker **hat gearbeitet;** jetzt macht er Pause.
9. Mutter **hat** den Tisch **gedeckt;** jetzt essen wir.

Der Gebrauch des Perfekts
Vorherzeit des Präsens

Bilden Sie vollständige Sätze:

B: 1. Ich esse jetzt; vorher Hände waschen.
2. Vater liest ein Buch; vorher Buch aus Bücherschrank holen.
3. Udo schreibt; vorher Schreibmaschine zurechtstellen.
4. Wir spielen Handball; vorher Bälle aus dem Schrank holen.
5. Ihr geht aus; vorher gut anziehen.
6. Essen; jetzt rauchen wir Zigaretten.
7. Die Kinder spielen; jetzt müssen sie nach Hause gehen.
8. Der Handwerker arbeitet; jetzt macht er Pause.
9. Mutter deckt den Tisch; jetzt essen wir.

B: 1. Der Schüler **hat** 56 und 183 **addiert.**
2. Die Feuerwehrleute **haben** ihr Fahrzeug **bestiegen.**
3. Wir **haben** die Kiste **ausgepackt.**
4. Du **hast** nach Kiel **fahren müssen.**
5. **Seid** ihr zu Fuß nach Hause **gegangen?**
6. Der Kellner **hat** die Gläser **gebracht.**
7. Meine Freunde **sind** auf dem Oktoberfest **gewesen.**
8. Jutta **hat** keine Zeit **gehabt.**
9. Der Vogel **ist** auf den Baum **geflattert.**
10. Der Maurer **hat** auch am Samstag **gearbeitet.**

Das Perfekt (die zusammengesetzte Vergangenheit)

Zusammenfassung

Bilden Sie das **Perfekt:**

B: 1. Der Schüler addiert 56 und 183.
2. Die Feuerwehrleute besteigen ihr Fahrzeug.
3. Wir packen die Kiste aus.
4. Du mußt nach Kiel fahren.
5. Geht ihr zu Fuß nach Hause?
6. Der Kellner bringt die Gläser.
7. Meine Freunde waren auf dem Oktoberfest.
8. Jutta hat keine Zeit.
9. Der Vogel flattert auf den Baum.
10. Der Maurer arbeitete auch am Samstag.

Das Perfekt

Einige Verben mit der Endung **„-ieren“:**

telefon**ieren**	telefonierte	**telefoniert**
divid**ieren**	dividierte	**dividiert**
buchstab**ieren**	buchstabierte	**buchstabiert**
marsch**ieren**	marschierte	**marschiert**

Solche Verben bilden das Partizip Perfekt **nicht** mit **„ge-“**.

B: 1. Ich **habe** mit meinem Chef **telefoniert.**
2. Wir **haben** diese Zahl durch elf **dividiert.**
3. Helga **hat** dieses Wort **buchstabiert.**
4. Die Wettkämpfer **sind** in das Stadion **marschiert.**
5. Der Lehrer **hat** die Aufgaben **korrigiert.**
6. An dieser Kreuzung **ist** gestern ein Unfall **passiert.**
7. Der Friseur **hat** die Dame **frisiert.**
8. Dieser Filmschauspieler **hat** mich **fasziniert.**

Das Perfekt (die zusammengesetzte Vergangenheit)

Bilden Sie das **Perfekt:**

B: 1. Ich telefoniere mit meinem Chef.
2. Wir dividieren diese Zahl durch elf.
3. Helga buchstabiert dieses Wort.
4. Die Wettkämpfer marschieren in das Stadion.
5. Der Lehrer korrigiert die Aufgaben.
6. An dieser Kreuzung passierte gestern ein Unfall.
7. Der Friseur frisiert die Dame.
8. Dieser Filmschauspieler fasziniert mich.

Das Perfekt

Einige untrennbare Verben:

verlieren	verlor	**verloren**
zerreißen	zerriß	**zerrissen**
entladen	entlud	**entladen**
erklimmen	erklomm	**erklommen**

Untrennbare Verben bilden das Partizip Perfekt **nicht** mit **„ge-“.**

B: 1. Ich **habe** meinen Geldbeutel **verloren.**
2. Der Hund **hat** das Buch **zerrissen.**
3. Der Herr **hat** sich **entschuldigt.**
4. Erika **hat** ein neues Kleid **bekommen.**
5. Der Bergsteiger **hat** den Gipfel **erklommen.**
6. Der Raub **ist** nicht **gelungen.**
7. Der Dieb **ist** der Polizei **entkommen.**
8. Die Arbeiter **haben** den Waggon **entladen.**

Das Perfekt (die zusammengesetzte Vergangenheit)

Bilden Sie das **Perfekt:**

B: 1. Ich verlor meinen Geldbeutel.
2. Der Hund zerreißt das Buch.
3. Der Herr entschuldigt sich.
4. Erika bekommt ein neues Kleid.
5. Der Bergsteiger erklimmt den Gipfel.
6. Der Raub gelang nicht.
7. Der Dieb entkam der Polizei.
8. Die Arbeiter entladen den Waggon.

Das Perfekt

Einige trennbare Verben:

ankommen	**kam an**	angekommen
aufschreiben	**schrieb auf**	aufgeschrieben
anhalten	**hielt an**	angehalten
mitspielen	**spielte mit**	mitgespielt

B: 1. Der Zug **ist** pünktlich **angekommen.**
2. Er **hat** die Adresse des Mädchens **aufgeschrieben.**
3. Wir **haben** den Autobus **angehalten.**
4. Sie **hat** nicht **mitgespielt.**
5. Die Arbeiter **haben** die Kisten **abgeladen.**
6. Die Schüler **haben** nicht **aufgepaßt.**
7. Der Regen **hat aufgehört.**
8. Das Gebäude **ist** völlig **abgebrannt.**

Das Perfekt (die zusammengesetzte Vergangenheit)

Bilden Sie das **Perfekt:**

B: 1. Der Zug kam pünktlich an.
2. Er schrieb die Adresse des Mädchens auf.
3. Wir hielten den Autobus an.
4. Sie spielte nicht mit.
5. Die Arbeiter luden die Kisten ab.
6. Die Schüler paßten nicht auf.
7. Der Regen hörte auf.
8. Das Gebäude brannte völlig ab.

Das Perfekt

Die Modalverben bilden das Perfekt mit dem **Hilfsverb „haben"**. Am Satzende steht **erst der Infinitiv des Hauptverbs, dann der Infinitiv des Modalverbs.**

B: 1. Er **hat** die Schrift nicht **lesen können.**
2. Wir **haben** die Arbeit fertig **machen müssen.**
3. Ihr **habt** Onkels Auto **benutzen dürfen.**
4. Der Hausbesitzer **hat** den Beamten **kommen lassen.**
5. Der Säugling **hat** die Milch nicht **trinken mögen.**
6. **Hast** du diese Fernsehsendung nicht **sehen wollen?**
7. Die Handballspieler **haben** sich **umkleiden sollen.**

Das Perfekt (die zusammengesetzte Vergangenheit)

Bilden Sie das **Perfekt:**

B: 1. Er kann die Schrift nicht lesen.
2. Wir müssen die Arbeit fertig machen.
3. Ihr dürft Onkels Auto benutzen.
4. Der Hausbesitzer läßt den Beamten kommen.
5. Der Säugling mag die Milch nicht trinken.
6. Willst du diese Fernsehsendung nicht sehen?
7. Die Handballspieler sollen sich umkleiden.

Das Perfekt – Einige starke Verben:

lesen	**las**	**gelesen**	gehen	**ging**	**gegangen**
schlafen	**schlief**	**geschlafen**	fahren	**fuhr**	**gefahren**
fliegen	**flog**	**geflogen**	nehmen	**nahm**	**genommen**
schreiben	**schrieb**	**geschrieben**	reiten	**ritt**	**geritten**

Lernen Sie die **Grundformen** der **starken Verben!**

B: 1. Vater **hat** die Illustrierte **gelesen.**
2. **Hast** du gut **geschlafen?**
3. Die Reisenden **sind** nach Tokio **geflogen.**
4. Die Sekretärin **hat** eine Rechnung **geschrieben.**
5. Wir **sind** bald nach Hause **gegangen.**
6. Der Taxifahrer **ist** nach Köln **gefahren.**
7. Ich **habe** die Zeitung vom Tisch **genommen.**
8. Wir **sind** durch den Wald **geritten.**

Das Perfekt (die zusammengesetzte Vergangenheit)

Setzen Sie folgende Sätze in das **Perfekt:**

B: 1. Vater liest die Illustrierte.
2. Schliefst du gut?
3. Die Reisenden fliegen nach Tokio.
4. Die Sekretärin schreibt eine Rechnung.
5. Wir gehen bald nach Hause.
6. Der Taxifahrer fährt nach Köln.
7. Ich nehme die Zeitung vom Tisch.
8. Wir reiten durch den Wald.

Das Perfekt — Einige gemischte Verben:

bringen	**brachte**	**gebracht**	wollen	**wollte**	**gewollt**
rennen	**rannte**	**gerannt**	müssen	**mußte**	**gemußt**
kennen	**kannte**	**gekannt**	dürfen	**durfte**	**gedurft**
denken	**dachte**	**gedacht**	können	**konnte**	**gekonnt**

B: 1. Er **hat** die Zigaretten **gebracht.**
2. Ich **bin** in das Ziel **gerannt.**
3. Sie **hat** Herrn Bischof **gekannt.**
4. Wir **haben** das nicht **gewollt.**
5. Ihr **habt** nach Hause **gemußt.**
6. Die Jungen **haben** das nicht **gedurft.**
7. Du **hast** falsch **gedacht.**
8. Wir **haben** das **gekonnt.**

Das Perfekt (die zusammengesetzte Vergangenheit)

Setzen Sie folgende Sätze in das **Perfekt:**

B: 1. Er bringt die Zigaretten.
2. Ich renne in das Ziel.
3. Sie kennt Herrn Bischof.
4. Wir wollen das nicht.
5. Ihr müßt nach Hause.
6. Die Jungen dürfen das nicht.
7. Du denkst falsch.
8. Wir können das.

Das Perfekt der Hilfsverben „haben“ und „sein“:

ich	**habe**	**gehabt**	ich	**bin**	**gewesen**
du	**hast**	**gehabt** usw.	du	**bist**	**gewesen** usw.

B:
1. Inge **ist** krank **gewesen.**
2. Ich **habe** viel Geld **gehabt.**
3. Du **bist** im Zirkus **gewesen.**
4. Wir **haben** ein Fest **gehabt.**
5. Der Zug **hat** Verspätung **gehabt.**
6. Die Kinder **sind** im Schwimmbad **gewesen.**
7. Ihr **habt** Ferien **gehabt.**
8. Das Haus **ist** alt **gewesen.**
9. Ich **bin** in Spanien **gewesen.**
10. Du **bist** müde **gewesen.**

Das Perfekt (die zusammengesetzte Vergangenheit) der Hilfsverben „haben“ und „sein“

Setzen Sie folgende Sätze in das **Perfekt:**

B:
1. Inge war krank.
2. Ich hatte viel Geld.
3. Du warst im Zirkus.
4. Wir hatten ein Fest.
5. Der Zug hatte Verspätung.
6. Die Kinder waren im Schwimmbad.
7. Ihr hattet Ferien.
8. Das Haus war alt.
9. Ich war in Spanien.
10. Du warst müde.

Das Perfekt

ich	**bin** gereist	wir	**sind** gereist
du	**bist** gereist	ihr	**seid** gereist
er, sie, es	**ist** gereist	sie	**sind** gereist
		Sie	**sind** gereist

Verben, die eine **Fortbewegung** ausdrücken, bilden das **Perfekt** mit dem **Hilfsverb „sein“.**

B: 1. Die Katze **ist** auf den Baum **geklettert.**
2. Ich **bin** schon dreimal nach Berlin **gereist.**
3. Das Pferd **ist** die Straße entlang **getrottet.**
4. Der Fischer **ist** auf den See **gerudert.**
5. Wir **sind** zum Bahnhof **geeilt.**
6. Die Jungen und Mädchen **sind** durch die Stadt **geschlendert.**
7. **Bist** du über die Stange **gehüpft?**
8. **Seid** ihr über die ganze Ostsee **gesegelt?**

Das Perfekt (die zusammengesetzte Vergangenheit)

Vervollständigen Sie folgende Sätze:

B: 1. Die Katze — auf den Baum (klettern).
2. Ich — schon dreimal nach Berlin (reisen).
3. Das Pferd — die Straße entlang (trotten).
4. Der Fischer — auf den See (rudern).
5. Wir — zum Bahnhof (eilen).
6. Die Jungen und Mädchen — durch die Stadt (schlendern).
7. — du über die Stange (hüpfen)?
8. — ihr über die ganze Ostsee (segeln)?

Das Perfekt

ich	**habe** gelernt	wir	**haben** gelernt
du	**hast** gelernt	ihr	**habt** gelernt
er, sie, es	**hat** gelernt	sie	**haben** gelernt
		Sie	**haben** gelernt

Das Perfekt wird mit dem **Hilfsverb „haben"** und dem **Partizip Perfekt** gebildet. Das **Partizip Perfekt** steht am **Ende des Satzes.**

B: 1. Der Schüler **hat** sehr fleißig **gearbeitet.**
2. Ich **habe** den Schuß nicht **gehört.**
3. Wir **haben** Basketball **gespielt.**
4. **Hast** du deine Arbeit **gemacht?**
5. Die Studenten **haben** keinen Pfennig **gespart.**
6. Die Vertreterin **hat** an der Haustür **geläutet.**
7. **Habt** ihr euch über die Pakete **gefreut?**
8. Das Bier **hat** sehr gut **geschmeckt.**

Das Perfekt (die zusammengesetzte Vergangenheit)

Vervollständigen Sie folgende Sätze:

B: 1. Der Schüler — sehr fleißig (arbeiten).
2. Ich — den Schuß nicht (hören).
3. Wir — Basketball (spielen).
4. — du deine Arbeit (machen)?
5. Die Studenten — keinen Pfennig (sparen).
6. Die Vertreterin — an der Haustür (läuten).
7. — ihr euch über die Pakete (freuen)?
8. Das Bier — sehr gut (schmecken).

B: Der Teufel **fuhr** auf dem Rhein und **kam** zwischen die Loreleifelsen. Der Paß **erschien** ihm zu eng, er **wollte** ihn weit haben und den gegenüberliegenden Felsenriesen von der Stelle rücken oder in Brocken brechen. Die Brocken **sollten** den Strom sperren und unschiffbar machen. Er **stemmte** seinen Rücken an den Loreleifelsen und **hob** und **schob** und **rüttelte.** Da **begann** die schöne Lorelei zu singen. Der Teufel **hörte** den Gesang und **hielt** mit seiner Arbeit inne.

Die einfache Vergangenheit (Imperfekt, Präteritum)

Zusammenfassung

Setzen Sie folgenden Text in das **Präteritum:**

B: Der Teufel fährt auf dem Rhein und kommt zwischen die Loreleifelsen. Der Paß erscheint ihm zu eng, er will ihn weit haben und den gegenüberliegenden Felsenriesen von der Stelle rücken oder in Brocken brechen. Die Brocken sollen den Strom sperren und unschiffbar machen. Er stemmt seinen Rücken an den Loreleifelsen und hebt und schiebt und rüttelt. Da beginnt die schöne Lorelei zu singen. Der Teufel hört den Gesang und hält mit seiner Arbeit inne.

Die einfache Vergangenheit
Einige gemischte Verben:

wissen	bringen	nennen	kennen
wußte	brachte	nannte	kannte
denken	senden	brennen	verwenden
dachte	sandte	brannte	verwandte

B: 1. Wir **wußten** davon gar nichts.
2. Der Kellner **brachte** die Suppe.
3. Ich **nannte** dir seinen Namen.
4. **Kanntest** du diesen Herrn?
5. **Dachtet** ihr an den Unfall?
6. Inge **sandte** mir eine Karte.
7. Das Licht **brannte** die ganze Nacht.
8. **Verwandtet** ihr Öl zum Braten?
9. Ich **wußte** den Weg nicht.
10. Das Haus **brannte** lichterloh.

Die einfache Vergangenheit (Imperfekt, Präteritum)

Setzen Sie die folgenden Sätze in das **Präteritum:**

B:
1. Wir wissen davon gar nichts.
2. Der Kellner bringt die Suppe.
3. Ich nenne dir seinen Namen.
4. Kennst du diesen Herrn?
5. Denkt ihr an den Unfall?
6. Inge sendet mir eine Karte.
7. Das Licht brennt die ganze Nacht.
8. Verwendet ihr Öl zum Braten?
9. Ich weiß den Weg nicht.
10. Das Haus brennt lichterloh.

Die einfache Vergangenheit
Einige starke Verben:

fangen	bekommen	fliegen	tragen
fing	**bekam**	**flog**	**trug**
blasen	singen	ziehen	waschen
blies	**sang**	**zog**	**wusch**

B:
1. Iris **fing** ihre Katze.
2. Otto **bekam** ein Buch zum Geburtstag.
3. Die Bäuerin **trug** den Korb in die Scheune.
4. Ich **flog** nach Südamerika.
5. Die Pferde **zogen** den Wagen.
6. Der Junge **wusch** sich nicht.
7. Wir **halfen** den alten Leuten.
8. Der Autobus **hielt** nicht.
9. Die Sopranistin **sang** eine Arie.
10. Der Wind **blies** über die Felder.

Die einfache Vergangenheit (Imperfekt, Präteritum)

Setzen Sie die folgenden Sätze in das **Präteritum:**

B: 1. Iris fängt ihre Katze.
2. Otto bekommt ein Buch zum Geburtstag.
3. Die Bäuerin trägt den Korb in die Scheune.
4. Ich fliege nach Südamerika.
5. Die Pferde ziehen den Wagen.
6. Der Junge wäscht sich nicht.
7. Wir helfen den alten Leuten.
8. Der Autobus hält nicht.
9. Die Sopranistin singt eine Arie.
10. Der Wind bläst über die Felder.

Die einfache Vergangenheit
Das Hilfsverb „sein“:

ich	**war**	wir	**waren**
du	**warst**	ihr	**wart**
er, sie, es	**war**	sie	**waren**
		Sie	**waren**

B: 1. Ich **war** in einer Großhandlung beschäftigt.
2. Rudi **war** Mittelstürmer.
3. Wir **waren** bei der Firma Friedrich & Co.
4. Ursula **war** die Verlobte von Gunther.
5. Die Kinder **waren** in der Sandgrube.
6. Ihr **wart** gute Tennisspieler.
7. Du **warst** ein ausgezeichneter Boxer.
8. Das Auto **war** in der Werkstatt.

Die einfache Vergangenheit (Imperfekt, Präteritum)
Das Hilfsverb „sein“

Setzen Sie die folgenden Sätze in das **Präteritum:**

B: 1. Ich bin in einer Großhandlung beschäftigt.
2. Rudi ist Mittelstürmer.
3. Wir sind bei der Firma Friedrich & Co.
4. Ursula ist die Verlobte von Gunther.
5. Die Kinder sind in der Sandgrube.
6. Ihr seid gute Tennisspieler.
7. Du bist ein ausgezeichneter Boxer.
8. Das Auto ist in der Werkstatt.

Die einfache Vergangenheit (Imperfekt, Präteritum):

ich antwort**ete**	ich konn**te**	ich muß**te**
ich durf**te**	ich woll**te**	ich moch**te**
ich **ließ** (von lassen)	ich acht**ete**	ich soll**te**

B: 1. Der Bundeskanzler **antwortete** der Opposition.
2. Ich **konnte** die Aufgabe nicht lösen.
3. Die Sekretärin **mußte** den Brief schreiben.
4. Die Fahrerin **achtete** auf die Verkehrszeichen.
5. Du **durftest** die Torte nicht essen.
6. Wir **wollten** das Spiel gewinnen.
7. Die Dame **ließ** sich die Haare färben.
8. Ihr **mochtet** den Pudding nicht.
9. Du **solltest** doch die Fenster putzen.

Die einfache Vergangenheit (Imperfekt, Präteritum)

Setzen Sie die folgenden Sätze in das **Präteritum:**

B: 1. Der Bundeskanzler antwortet der Opposition.
2. Ich kann die Aufgabe nicht lösen.
3. Die Sekretärin muß den Brief schreiben.
4. Die Fahrerin achtet auf die Verkehrszeichen.
5. Du darfst die Torte nicht essen.
6. Wir wollen das Spiel gewinnen.
7. Die Dame läßt sich die Haare färben.
8. Ihr mögt den Pudding nicht.
9. Du sollst doch die Fenster putzen.

Die einfache Vergangenheit
Schwache Verben:
„haben“:

ich	kaufte	wir kauf**ten**	ich	**hatte**	wir **hatten**
du	kauf**test**	ihr kauf**tet**	du	**hattest**	ihr **hattet**
er, sie, es	kaufte	sie kauf**ten**	er, sie, es	**hatte**	sie **hatten**
		Sie kauf**ten**			Sie **hatten**

B: 1. Ich **kaufte** ein Kleid für meine Frau.
2. Der Mathematiklehrer **rechnete** die Aufgaben nach.
3. Wir **hörten** die Glocke läuten.
4. Die Mutter **kochte** Sauerkraut mit Schweinerippchen.
5. Das Mädchen **malte** eine Landschaft.
6. Die Baufirma **baute** ein Verwaltungsgebäude.
7. Ihr **hattet** eure Schlüssel in den Taschen.

Die einfache Vergangenheit (Imperfekt, Präteritum)

Setzen Sie die folgenden Sätze in das **Präteritum:**

B: 1. Ich kaufe ein Kleid für meine Frau.
2. Der Mathematiklehrer rechnet die Aufgaben nach.
3. Wir hören die Glocke läuten.
4. Die Mutter kocht Sauerkraut mit Schweinerippchen.
5. Das Mädchen malt eine Landschaft.
6. Die Baufirma baut ein Verwaltungsgebäude.
7. Ihr habt eure Schlüssel in den Taschen.

„sehen, hören, lernen, gehen, helfen“ werden wie **Modalverben** verwendet.

B:
1. Er **sieht** das Flugzeug **kommen.**
2. Wir **hören** den Motor **laufen.**
3. Ihr **lernt** Deutsch **sprechen.**
4. Ich **gehe** das Bild **holen.**
5. Du **hilfst** der Mutter **arbeiten.**
6. Sie **geht** die Landkarte **holen.**
7. Das Mädchen **hilft** die Wohnung **aufräumen.**
8. Die Chorsänger **lernen atmen.**
9. Wir **sehen** den Ballon **steigen.**
10. Er **hört** die Diebe **flüstern.**

Die Verben: „sehen, hören, lernen, gehen, helfen"

Bilden Sie aus folgenden Angaben vollständige Sätze:

B: 1. Er sehen Flugzeug kommen.
2. Wir hören Motor laufen.
3. Ihr. lernen Deutsch sprechen.
4. Ich gehen Bild holen.
5. Du helfen arbeiten Mutter.
6. Sie holen gehen Landkarte.
7. Das Mädchen helfen aufräumen Wohnung.
8. Die Chorsänger atmen lernen.
9. Wir steigen sehen Ballon.
10. Er flüstern hören Diebe.

„mögen“:

ich	**mag**	wir **mögen**
du	**magst**	ihr **mögt**
er, sie, es	**mag**	sie **mögen**
		Sie **mögen**

B: 1. Das Kind **mag** die Speise nicht **essen.**
2. Wir **mögen** diesen Spielverderber nicht.
3. Ich **mag** keinen Rotwein.
4. **Magst** du keinen Schinken?
5. Der Kranke **mag** die Medizin nicht.
6. **Mögt** ihr Tee mit Rum?
7. Die Angestellte **mag** ihren Chef nicht.
8. Die Künstler **mögen** das Konservative nicht.

„mögen“

Setzen Sie die richtigen Formen von „mögen“ ein:

B: 1. Das Kind – die Speise nicht essen.
2. Wir – diesen Spielverderber nicht.
3. Ich – keinen Rotwein.
4. – du keinen Schinken?
5. Der Kranke – die Medizin nicht.
6. – ihr Tee mit Rum?
7. Die Angestellte – ihren Chef nicht.
8. Die Künstler – das Konservative nicht.

„wollen":

ich	**will**	wir	**wollen**
du	**willst**	ihr	**wollt**
er, sie, es	**will**	sie	**wollen**
		Sie	**wollen**

B: 1. Mein Freund **will** den Führerschein **machen.**
2. Ich **will** den Wettkampf **gewinnen.**
3. Wir **wollen** am Sonntag einen Ausflug **machen.**
4. **Willst** du zu unserer Party **kommen?**
5. Tante Frieda **will** uns **besuchen.**
6. **Wollt** ihr eure Leistungen nicht **verbessern?**
7. Das Reh **will** zur Wildfütterung **wechseln.**
8. Die Arbeiter **wollen** höhere Löhne **haben.**

„wollen“

Setzen Sie die richtigen Formen von „wollen“ ein:

B: 1. Mein Freund – den Führerschein machen.
2. Ich – den Wettkampf gewinnen.
3. Wir – am Sonntag einen Ausflug machen.
4. – du zu unserer Party kommen?
5. Tante Frieda – uns besuchen.
6. – ihr eure Leistungen nicht verbessern?
7. Das Reh – zur Wildfütterung wechseln.
8. Die Arbeiter – höhere Löhne haben.

„sollen“:

ich	**soll**	wir	**sollen**
du	**sollst**	ihr	**sollt**
er, sie, es	**soll**	sie	**sollen**
		Sie	**sollen**

B: 1. Hans **soll** die Zeitung **holen,** aber er geht nicht.
2. Ich **soll** eine Übung **schreiben,** aber ich habe keine Lust.
3. Wir **sollen** das Zimmer **aufräumen.**
4. Die Kinder **sollen** nicht in der Garage **spielen.**
5. Du **sollst** endlich deine Hände **waschen.**
6. Ihr **sollt** doch eure Hausaufgaben **machen.**
7. Die Sportlerin **soll** fleißig **trainieren,** aber sie geht spazieren.
8. Der Esel **soll** die Säcke **tragen,** aber er bleibt stehen.

„sollen“

Setzen Sie die richtigen Formen von „sollen“ ein:

B: 1. Hans — die Zeitung holen, aber er geht nicht.
2. Ich — eine Übung schreiben, aber ich habe keine Lust.
3. Wir — das Zimmer aufräumen.
4. Die Kinder — nicht in der Garage spielen.
5. Du — endlich deine Hände waschen.
6. Ihr — doch eure Hausaufgaben machen.
7. Die Sportlerin — fleißig trainieren, aber sie geht spazieren.
8. Der Esel — die Säcke tragen, aber er bleibt stehen.

„lassen“:

ich	**lasse**	wir **lassen**
du	**läßt**	ihr **laßt**
er, sie, es	**läßt**	sie **lassen**
		Sie **lassen**

B: 1. Ich **lasse** mein Auto **waschen.**
2. Der Ingenieur **läßt** die Maschine **laufen.**
3. Die Mutter **läßt** das Kind nicht allein über die Straße **gehen.**
4. **Läßt** du das Buch hier **liegen?**
5. Warum **läßt** die Katze die gute Milch **stehen?**
6. Wir **lassen** den Unehrlichen nicht **mitspielen.**
7. Warum **laßt** ihr die Fahrräder vor dem Haus **stehen?**
8. Die Damen **lassen** sich neue Kostüme **machen.**

„lassen"

Bilden Sie Sätze:

B: 1. Ich mein Auto, waschen lassen.
2. Der Ingenieur die Maschine, laufen lassen.
3. Die Mutter das Kind nicht allein über die Straße, gehen lassen.
4. Du das Buch hier, liegen lassen?
5. Warum die Katze die gute Milch, stehen lassen?
6. Wir den Unehrlichen nicht, mitspielen lassen.
7. Warum ihr die Fahrräder vor dem Haus, stehen lassen?
8. Die Damen neue Kostüme, sich machen lassen.

„dürfen“:

ich	**darf**	wir	**dürfen**
du	**darfst**	ihr	**dürft**
er, sie, es	**darf**	sie	**dürfen**
		Sie	**dürfen**

B: 1. Der Kranke **darf** nicht **rauchen.**
2. **Darfst** du Alkohol **trinken?**
3. Ich **darf** kein fettes Fleisch **essen.**
4. **Dürfen** wir den Aufzug **benutzen?**
5. Ihr **dürft** ohne Paß die Grenze nicht **überschreiten.**
6. Die Krankenschwester **darf** nicht **einschlafen.**
7. Das Kind **darf** nicht mit Streichhölzern **spielen.**
8. Die Jäger **dürfen** im Frühling nicht **jagen.**

„dürfen"

Bilden Sie Sätze:

B: 1. Der Kranke nicht, rauchen dürfen.
2. Du Alkohol, trinken dürfen?
3. Ich kein fettes Fleisch, essen dürfen.
4. Wir den Aufzug, benutzen dürfen?
5. Ihr ohne Paß die Grenze nicht, überschreiten dürfen.
6. Die Krankenschwester nicht, einschlafen dürfen.
7. Das Kind nicht mit Streichhölzern, spielen dürfen.
8. Die Jäger nicht im Frühling, jagen dürfen.

„müssen":

ich	**muß** lernen	wir	**müssen** lernen
du	**mußt** lernen	ihr	**müßt** lernen
er, sie, es	**muß** lernen	sie	**müssen** lernen
		Sie	**müssen** lernen

B: 1. Wir **müssen** um acht Uhr am Bahnhof **sein.**
2. Der Beamte **muß** das Formular **ausfüllen.**
3. Ich **muß** den berühmten Sänger **hören.**
4. **Müssen** Sie den Schnee **wegräumen?**
5. Ihr **müßt** den Aufsatz noch einmal **schreiben.**
6. **Mußt** du deinem Vater im Garten **helfen?**
7. Die Pianistin **muß** täglich sechs Stunden **üben.**
8. Der Autofahrer **muß** die Beleuchtung **überprüfen.**

„müssen“

Setzen Sie die richtigen Formen von „müssen“ ein:

B: 1. Wir — um acht Uhr am Bahnhof sein.
2. Der Beamte — das Formular ausfüllen.
3. Ich — den berühmten Sänger hören.
4. — Sie den Schnee wegräumen?
5. Ihr — den Aufsatz noch einmal schreiben.
6. — du deinem Vater im Garten helfen?
7. Die Pianistin — täglich sechs Stunden üben.
8. Der Autofahrer — die Beleuchtung überprüfen.

„können“:
Die **Infinitivform** des Hauptverbs steht am **Ende des Satzes.**

ich	**kann**	lesen	wir	**können**	lesen
du	**kannst**	lesen	ihr	**könnt**	lesen
er, sie, es	**kann**	lesen	sie	**können**	lesen
			Sie	**können**	lesen

B: 1. Ich **kann** morgen nicht zu dir **kommen.**
2. Wir **können** die Maschine nicht **bedienen.**
3. Kurt **kann** den schweren Lastwagen **steuern.**
4. **Kannst** du diese schlechte Schrift **lesen?**
5. Gunda **kann** die laute Musik nicht **ertragen.**
6. Das Kind **kann** nicht **einschlafen.**
7. Die Fußballer **können** dieses Spiel nicht **gewinnen.**
8. **Könnt** ihr die Mathematikaufgaben **lösen?**

Die Modalverben
„können“

Setzen Sie die richtigen Formen von „können“ ein:

B: 1. Ich — morgen nicht zu dir kommen.
2. Wir — die Maschine nicht bedienen.
3. Kurt — den schweren Lastwagen steuern.
4. — du diese schlechte Schrift lesen?
5. Gunda — die laute Musik nicht ertragen.
6. Das Kind — nicht einschlafen.
7. Die Fußballer — dieses Spiel nicht gewinnen.
8. — ihr die Mathematikaufgaben lösen?

„werden“ als Hauptverb:

„werden“ verändert das Sein.

B: 1. Diese Studenten **werden** Ingenieure.
2. Isolde **wird** Schneiderin.
3. Manfred **wird** Autoschlosser.
4. Jürgen **wird** Industriekaufmann.
5. Ich **werde** Flugzeugführer.
6. Wir **werden** Werkzeugmacher.
7. **Wirst** du Fernfahrer?
8. **Werdet** ihr Parteimitglieder?
9. Herr Friedrich **wird** alt.
10. Die Rennpferde **werden** langsam und langsamer.

„werden“ als Hauptverb

Setzen Sie die richtige **Form** von **„werden“** ein:

B: 1. Diese Studenten — Ingenieure.
2. Isolde — Schneiderin.
3. Manfred — Autoschlosser.
4. Jürgen — Industriekaufmann.
5. Ich — Flugzeugführer.
6. Wir — Werkzeugmacher.
7. — du Fernfahrer?
8. — ihr Parteimitglieder?
9. Herr Friedrich — alt.
10. Die Rennpferde — langsam und langsamer.

Das Futur:

Das Futur wird mit dem **Hilfsverb „werden"** und dem **Infinitiv** gebildet. Die **Infinitivform** des Verbs steht am **Ende des Satzes.**

ich **werde** gehen		wir **werden** gehen
du **wirst** gehen		ihr **werdet** gehen
er, sie, es **wird** gehen		sie **werden** gehen
		Sie **werden** gehen

B:

1. Der Student **wird** das möblierte Zimmer **mieten.**
2. Der Geschäftsmann **wird** nach Hamburg **fahren.**
3. Die Polizei **wird** den Bankräuber **verhaften.**
4. Wir **werden** eine große Reise **machen.**
5. **Wirst** du in das Konzert **gehen?**
6. Ich **werde** einen Brief an meinen Freund **schreiben.**
7. **Werdet** ihr am Sonntag Fußball **spielen?**
8. Die Politiker **werden** eine Diskussion **führen.**
9. Das Mädchen **wird** bald **heiraten.**
10. Ich **werde** nicht **mitfahren.**

Das Futur

Setzen Sie die folgenden Sätze in das **Futur:**

B: 1. Der Student mietet das möblierte Zimmer.
2. Der Geschäftsmann fährt nach Hamburg.
3. Die Polizei verhaftet den Bankräuber.
4. Wir machen eine große Reise.
5. Gehst du in das Konzert?
6. Ich schreibe einen Brief an meinen Freund.
7. Spielt ihr am Sonntag Fußball?
8. Die Politiker führen eine Diskussion.
9. Das Mädchen heiratet bald.
10. Ich fahre nicht mit.

B:

1. Die Katze **springt** vom Tisch **herunter.**
2. Die Großmutter **er**zählt eine spannende Geschichte.
3. Der kleine Junge **zer**bricht die Tasse.
4. Das Auto **bleibt** auf der Straßenkreuzung **stehen.**
5. Fritz **be**sucht den Onkel in Stuttgart.
6. Die Mutter **geht** mit den Kindern **spazieren.**
7. Die Reisenden **steigen** in München **aus.**
8. Die Arbeiter **be**laden den Lastwagen.
9. Die Polizei **ver**folgt den Verbrecher.
10. Der Vater **bringt** den Kindern ein Geschenk **mit.**

Trennbar oder untrennbar?

Bilden Sie vollständige Sätze:

B:
1. Die Katze, vom Tisch, herunterspringen.
2. Großmutter, eine spannende Geschichte, erzählen.
3. Klein, Junge, die Tasse, zerbrechen.
4. Auto, auf der Straßenkreuzung, stehenbleiben.
5. Fritz, Onkel in Stuttgart, besuchen.
6. Mutter, mit Kindern, spazierengehen.
7. Reisende, in München, aussteigen.
8. Arbeiter, Lastwagen, beladen.
9. Polizei, Verbrecher, verfolgen.
10. Vater, den Kindern, ein Geschenk, mitbringen.

Trennbare Verben:

Die **Anfangssilben** trennbarer Verben stehen am **Schluß des Satzes. Trennbare Verben** erkennt man an der **Betonung** der **ersten Silbe.** Verben mit den **Vorsilben er-, ver-, zer-, be-, ent-, ge-** sind **nicht trennbar.**

B:
1. Der Hund **läuft** von zu Hause **weg.**
2. Der Zug **kommt** um 10 Uhr in Bamberg **an.**
3. Der Onkel **nimmt** mich in den Zirkus **mit.**
4. Gerlinde **fährt** heute wieder **heim.**
5. Wir **hören** um 6 Uhr mit der Arbeit **auf.**
6. Das Semester **fängt** am 2. Oktober **an.**
7. Ich **stehe** jeden Morgen um 7 Uhr **auf.**
8. Die Damen **schauen** gern Schaufensterauslagen **an.**
9. Ich **lade** Ursula zum Geburtstag **ein.**
10. Der Lehrling **klopft** immer dreimal **an.**

Trennbare Verben

Bilden Sie vollständige Sätze:

B:	1. weglaufen	Der Hund von zu Hause
	2. ankommen	Der Zug um 10 Uhr in Bamberg
	3. mitnehmen	Der Onkel mich in den Zirkus
	4. heimfahren	Gerlinde heute wieder
	5. aufhören	Wir um 6 Uhr mit der Arbeit
	6. anfangen	Das Semester am 2. Oktober
	7. aufstehen	Ich jeden Morgen um 7 Uhr
	8. anschauen	Die Damen gern Schaufensterauslagen
	9. einladen	Ich Ursula zum Geburtstag
	10. anklopfen	Der Lehrling immer dreimal

Das reflexive Verb:

ich	kämme **mich**		**wir**	kämmen	**uns**
du	kämmst **dich**		**ihr**	kämmt	**euch**
er, sie, es	kämmt **sich**		**sie**	kämmen	**sich**
			Sie	kämmen	**sich**

B: 1. Hans wäscht **sich** nicht ordentlich.
2. Frau Singer kämmt **sich** vor dem Spiegel.
3. Ich rasiere **mich** jeden Morgen.
4. Ärgerst du **dich** oft?
5. Das Kind freut **sich** über das Geschenk.
6. Unterhaltet ihr **euch** während der Arbeit?
7. Wir setzen **uns** auf die Bank.
8. Die Tiere legen **sich** unter den Baum.

Das reflexive Verb

Setzen Sie die richtigen **Reflexivpronomen** ein:

B: 1. Hans wäscht – nicht ordentlich.
2. Frau Singer kämmt – vor dem Spiegel.
3. Ich rasiere – jeden Morgen.
4. Ärgerst du – oft?
5. Das Kind freut – über das Geschenk.
6. Unterhaltet ihr – während der Arbeit?
7. Wir setzen – auf die Bank.
8. Die Tiere legen – unter den Baum.

Die Possessivpronomen:

ich —	**mein**	Auto	wir —	**unser**	Garten
du —	**dein**	Hut	ihr —	**euer**	Hof
er —	**sein**	Buch	sie —	**ihr**	Hund
sie —	**ihr**	Haus			
es —	**sein**	Rad	Sie —	**Ihr**	Mantel

B: 1. Helmut geht mit **seinem** Freund ins Kino.
2. Frau Münz hat eine neue Waschmaschine. **Ihre** Maschine steht im Badezimmer.
3. Ich gehe mit **meinen** Kindern spazieren.
4. Das Kind hat ein Fahrrad. **Sein** Rad ist neu.
5. Sprichst du mit **deinem** Freund über Politik?
6. Macht ihr **euere** Aufgaben sofort?
7. Die Enkelkinder sind bei **ihren** Großeltern.
8. Wir reisen zurück in **unsere** Heimat.

Die Possessivpronomen

Ergänzen Sie:

B: 1. Helmut geht mit — Freund ins Kino.
2. Frau Münz hat eine neue Waschmaschine. — Maschine steht im Badezimmer.
3. Ich gehe mit — Kindern spazieren.
4. Das Kind hat ein Fahrrad. — Rad ist neu.
5. Sprichst du mit — Freund über Politik?
6. Macht ihr — Aufgaben sofort?
7. Die Enkelkinder sind bei — Großeltern.
8. Wir reisen zurück in — Heimat.

B: 1. Das ist ein breit**er** Schrank. Dieser Schrank ist breit**er**. Das ist der breit**este** Schrank.
2. Inge schrieb eine gute Arbeit. Doris schrieb eine **bessere** Arbeit **als** Inge. Erika schrieb die **beste** Arbeit.
3. Franz ist so alt **wie** Erich. Egon ist älter **als** Kurt. Joachim ist der **älteste** von allen.
4. Der Hügel ist hoch. Der Berg ist **höher**. Das Gebirge ist **am höchsten.**
5. Ich habe viele Briefmarken. Du hast **mehr** Briefmarken **als** ich. Richard hat die **meisten** Briefmarken.
6. Ist der Löwe so stark **wie** der Elefant? Ist der Elefant nicht **stärker als** der Löwe?
7. In Holland wachsen die schön**sten** Tulpen.
8. Welcher Weg ist der kürz**este** zum Bahnhof?

Die Steigerung (Zusammenfassung)

Ergänzen Sie:

B: 1. Das ist ein breit— Schrank. Dieser Schrank ist breit—. Das ist der breit— Schrank.
2. Inge schrieb eine gut– Arbeit. Doris schrieb eine besser– Arbeit – Inge. Erika schrieb die – Arbeit.
3. Franz ist so alt – Erich. Egon ist älter – Kurt. Joachim ist der – von allen.
4. Der Hügel ist hoch. Der Berg ist –. Das Gebirge ist – –.
5. Ich habe viele Briefmarken. Du hast – Briefmarken – ich. Richard hat die – Briefmarken.
6. Ist der Löwe so stark – der Elefant? Ist der Elefant nicht – – der Löwe?
7. In Holland wachsen die schön— Tulpen.
8. Welcher Weg ist der kürz— zum Bahnhof?

Der Vergleich:

gröβer, dicker, fleiβiger	**als**
so groß, **so** dick, **so** fleißig	**wie**
nicht so groß, **nicht so** dick	**wie**

B: 1. Suse ißt Pfirsiche lieber **als** Apfelsinen.
2. Richard arbeitet nicht so fleißig **wie** Manfred.
3. Der Manager verdient mehr Geld **als** der Werkmeister.
4. Helene ist so schlank **wie** Brigitte.
5. Schreiben Jungen so schön **wie** Mädchen?
6. Warum bist du nicht so pünktlich **wie** dein Arbeitskollege?
7. Ich kaufe lieber im Kaufhaus **als** im Supermarkt.
8. Fährt man mit der Bahn sicherer **als** mit dem Auto?

Der Vergleich

Setzen Sie **„als“** oder **„wie“** ein:

B: 1. Suse ißt Pfirsiche lieber – Apfelsinen.
2. Richard arbeitet nicht so fleißig – Manfred.
3. Der Manager verdient mehr Geld – der Werkmeister.
4. Helene ist so schlank – Brigitte.
5. Schreiben Jungen so schön – Mädchen?
6. Warum bist du nicht so pünktlich – dein Arbeitskollege?
7. Ich kaufe lieber im Kaufhaus – im Supermarkt.
8. Fährt man mit der Bahn sicherer – mit dem Auto?

Die Steigerung:

Positiv:	**Komparativ:**	**Superlativ:**
dick	dick**er**	am dick**sten**
alt	**älter**	am **ältesten**
dunkel	dunk**ler**	am dunk**elsten**

B: 1. Inge ist groß.
Hans ist größer.
Fritz ist am größten.

2. Brot ist teuer.
Gebäck ist teurer.
Fleisch ist am teuersten.

3. Otto lernt gut.
Erich lernt besser.
Doris lernt am besten.

4. Du ißt viel.
Ich esse mehr.
Kurt ißt am meisten.

5. Das Haus ist nah.
Die Tankstelle ist näher.
Die Garage ist am nächsten.

6. Er hat Inge gern.
Er hat Lisa lieber.
Er hat Ruth am liebsten.

7. Der Baum ist hoch.
Das Schloß ist höher.
Der Turm ist am höchsten.

8. Das Band ist lang.
Das Seil ist länger.
Das Kabel ist am längsten.

Die Steigerung

Bilden Sie die **Steigerungsformen:**

B:

1. Inge ist groß.	Hans ist gr—.	Fritz ist am gr—.
2. Brot ist teuer.	Gebäck ist —.	Fleisch ist — —.
3. Otto lernt gut.	Erich lernt —.	Doris lernt — —.
4. Du ißt viel.	Ich esse —.	Kurt ißt — —.
5. Das Haus ist nah.	Die Tankstelle ist —.	Die Garage ist — —.
6. Er hat Inge gern.	Er hat Lisa —.	Er hat Ruth — —.
7. Der Baum ist hoch.	Das Schloß ist —.	Der Turm ist — —.
8. Das Band ist lang.	Das Seil ist —.	Das Kabel ist — —.

B: Heute besuchen wir die neu**e** Staatsoper. Vater hat noch Karten für Mozarts „Zauberflöte“ bekommen. Jung**e** und alt**e** Damen tragen dunkl**e** Abendkleider. Die Herren kommen in schwarz**en** Anzügen. Vor Beginn der Vorstellung betrachten die neugierig**en** Opernbesucher die ausgehängt**en** Bilder der berühmt**en** Sänger und Sängerinnen. Dann nehmen wir unsere numeriert**en** Plätze ein. Der schwer**e** Vorhang hebt sich. Alle lauschen der herrlich**en** Musik, dem wunderbar**en** Gesang und verfolgen das interessant**e** Spiel auf der weit**en** Bühne. Wird der Märchenprinz Tamino seine schön**e** Prinzessin Pamina finden? Wird er die hart**en** Prüfungen bestehen, die ihm ägyptische Priester auferlegt haben?

Anmerkung: Das **Adjektiv** nach **„sein“** ist ein **Teil des Prädikats** und wird **nicht verändert:** Er ist **krank**. Das **Adjektiv** wird auch **nicht verändert,** wenn es als **Adverb** gebraucht wird: Er schreibt **schön.**

Die Adjektivdeklination (Zusammenfassung)

Ergänzen Sie:

B: Heute besuchen wir die neu– Staatsoper. Vater hat noch Karten für Mozarts „Zauberflöte“ bekommen. Jung– und alt– Damen tragen dunkl– Abendkleider. Die Herren kommen in schwarz— Anzügen. Vor Beginn der Vorstellung betrachten die neugierig— Opernbesucher die ausgehängt— Bilder der berühmt— Sänger und Sängerinnen. Dann nehmen wir unsere numeriert— Plätze ein. Der schwer– Vorhang hebt sich. Alle lauschen der herrlich— Musik, dem wunderbar— Gesang und verfolgen das interessant– Spiel auf der weit— Bühne. Wird der Märchenprinz Tamino seine schön– Prinzessin Pamina finden? Wird er die hart— Prüfungen bestehen, die ihm ägyptische Priester auferlegt haben?

Das Adjektiv als Substantiv:

der	Arme	ein	Armer	die	Kranke	eine	Kranke
des	Armen	eines	Armen	der	Kranken	einer	Kranken
dem	Armen	einem	Armen	der	Kranken	einer	Kranken
den	Armen	einen	Armen	die	Kranke	eine	Kranke
die	Armen		Arme	die	Kranken		Kranke
der	Armen		Armer	der	Kranken		Kranker
den	Armen		Armen	den	Kranken		Kranken
die	Armen		Arme	die	Kranken		Kranke

B: 1. Wir trauern um den Toten.
2. Die Kranke bleibt im Bett.
3. Das Gute und das Schlechte liegen eng beisammen.
4. Er spricht oft mit dem Alten.
5. Warum verstehen sich Junge und Alte nicht?
6. Hilft der Reiche den Armen?
7. Der Große und die Kleine passen nicht zusammen.
8. Ein Betrunkener torkelt über die Straße.

Das Adjektiv als Substantiv

Ergänzen Sie die Endungen:

B: 1. Wir trauern um den Tot—.
2. Die Krank– bleibt im Bett.
3. Das Gut– und das Schlecht– liegen eng beisammen.
4. Er spricht oft mit dem Alt—.
5. Warum verstehen sich Jung– und Alt– nicht?
6. Hilft der Reich– den Arm—?
7. Der Groß– und die Klein– passen nicht zusammen.
8. Ein Betrunken— torkelt über die Straße.

Die Adjektivdeklination ohne Artikel:

stark**er**	Mann	alt**e**	Dame	klein**es**	Kind
stark**en**	Mannes	alt**er**	Dame	klein**en**	Kindes
stark**em**	Mann	alt**er**	Dame	klein**em**	Kind
stark**en**	Mann	alt**e**	Dame	klein**es**	Kind
stark**e**	Männer	alt**e**	Damen	klein**e**	Kinder
stark**er**	Männer	alt**er**	Damen	klein**er**	Kinder
stark**en**	Männer**n**	alt**en**	Damen	klein**en**	Kinder**n**
stark**e**	Männer	alt**e**	Damen	klein**e**	Kinder

B: 1. Groß**e** Herren brauchen mehr Geld für neue Kleidung.
2. Mit schnell**en** Flugzeugen reist man gut.
3. Er geht wieder zu alt**en** Freunden.
4. Durch fleißig**es** Üben lernt man sicher.
5. In schmutzig**en** Städten gibt es viele krank**e** Menschen.
6. Bei stark**em** Föhnwind bekommt man Kopfschmerzen.
7. Ich raste gerne unter mächtig**en** Bäumen.
8. Von wild**en** Bergen kommen klar**e** Bäche.

Die Adjektivdeklination ohne Artikel

Ergänzen Sie die Endungen:

B: 1. Groß– Herren brauchen mehr Geld für neu– Kleidung.
2. Mit schnell— Flugzeugen reist man gut.
3. Er geht wieder zu alt— Freunden.
4. Durch fleißig— Üben lernt man sicher.
5. In schmutzig— Städten gibt es viel– krank– Menschen.
6. Bei stark— Föhnwind bekommt man Kopfschmerzen.
7. Ich raste gerne unter mächtig— Bäumen.
8. Von wild— Bergen kommen klar– Bäche.

Die Adjektivdeklination mit dem unbestimmten Artikel:

ein	klein**er**	Tisch	eine	alt**e**	Uhr	ein	neu**es**	Haus
eines	klein**en**	Tisch**es**	einer	alt**en**	Uhr	eines	neu**en**	Haus**es**
einem	klein**en**	Tisch	einer	alt**en**	Uhr	einem	neu**en**	Haus
einen	klein**en**	Tisch	eine	alt**e**	Uhr	ein	neu**es**	Haus
	klein**e**	Tisch**e**		alt**e**	Uhr**en**		neu**e**	Häus**er**
	klein**er**	Tisch**e**		alt**er**	Uhr**en**		neu**er**	Häus**er**
	klein**en**	Tisch**en**		alt**en**	Uhr**en**		neu**en**	Häus**ern**
	klein**e**	Tisch**e**		alt**e**	Uhr**en**		neu**e**	Häus**er**

B: 1. Hier liegt ein gut**er**, alt**er** Teppich.
2. Herr Hilpert hat heute einen grau**en** Anzug an.
3. Frau Fritz trägt immer einen blau**en** Hut.
4. In dem Wagen sitzt ein vornehm**er** Herr.
5. Ich kaufe einen bunt**en** Pullover.
6. Machst du im Urlaub eine weit**e** Reise?
7. Ilse braucht ein neu**es** Heft.
8. Herr Schildbach hat einen herrlich**en** Garten.

Die Adjektivdeklination mit dem unbestimmten Artikel

Ergänzen Sie die Endungen:

B: 1. Hier liegt ein gut—, alt— Teppich.
2. Herr Hilpert hat heute einen grau— Anzug an.
3. Frau Fritz trägt immer einen blau— Hut.
4. In dem Wagen sitzt ein vornehm— Herr.
5. Ich kaufe einen bunt— Pullover.
6. Machst du im Urlaub eine weit– Reise?
7. Ilse braucht ein neu— Heft.
8. Herr Schildbach hat einen herrlich— Garten.

Die Adjektivdeklination mit bestimmtem Artikel:

der kleine Tisch	die alte Uhr	das neue Haus
des kleinen Tisches	der alten Uhr	des neuen Hauses
dem kleinen Tisch	der alten Uhr	dem neuen Haus
den kleinen Tisch	die alte Uhr	das neue Haus
die kleinen Tische	die alten Uhren	die neuen Häuser
der kleinen Tische	der alten Uhren	der neuen Häuser
den kleinen Tischen	den alten Uhren	den neuen Häusern
die kleinen Tische	die alten Uhren	die neuen Häuser

B: 1. Geben Sie mir den schwarzen und den blauen Kugelschreiber!
2. Darf man in einer Einbahnstraße auf der linken Fahrbahnseite parken?
3. Er fährt mit dem neuen Auto nach Berlin.
4. Die beiden Freunde sitzen in dem gemütlichen Café.
5. Der höfliche Polizeibeamte gibt die richtige Auskunft.
6. Mietest du das teuere Zimmer?
7. Sie kauft den karierten Mantel.
8. Siehst du das hohe Haus dort?

Die Adjektivdeklination mit bestimmtem Artikel

Ergänzen Sie die Endungen:

B: 1. Geben Sie mir den schwarz— und den blau— Kugelschreiber!
2. Darf man in einer Einbahnstraße auf der link— Fahrbahnseite parken?
3. Er fährt mir dem neu— Auto nach Berlin.
4. Die beid— Freunde sitzen in dem gemütlich— Café.
5. Der höflich— Polizeibeamte gibt die richtig— Auskunft.
6. Mietest du das teuer— Zimmer?
7. Sie kauft den kariert— Mantel.
8. Siehst du das hoh— Haus dort?

B: 1. Er geht morgens um 7 Uhr **aus dem** Haus.
2. Sie besucht **trotz der** Krankheit die Vorlesungen **in der** Universität.
3. Wir fahren **mit dem** Zug **zu dem** Onkel.
4. Hoffentlich finden die Mediziner ein Mittel **gegen den** Krebs.
5. Herr Marx sorgt gut **für die** Familie.
6. Elisabeth arbeitet **bei der** Firma Lißmann & Co.
7. Am Abend gehe ich gerne **in den (durch den)** Park.
8. **Nach der** Theatervorstellung gehen wir **in ein** Café.
9. Er hat das Geld **von der** Mutter.
10. **Während der** Englischstunde macht sie Mathematikaufgaben.

Die Präpositionen (Zusammenfassung)

Setzen Sie die **Präposition** (+) und den **Artikel** (–) ein:

B:
1. Er geht morgens um 7 Uhr + – Haus.
2. Sie besucht + – Krankheit die Vorlesungen + – Universität.
3. Wir fahren + – Zug + – Onkel.
4. Hoffentlich finden die Mediziner ein Mittel + – Krebs.
5. Herr Marx sorgt gut + – Familie.
6. Elisabeth arbeitet + – Firma Lißmann & Co.
7. Am Abend gehe ich gerne + – Park.
8. + – Theatervorstellung gehen wir + – Café.
9. Er hat das Geld + – Mutter.
10. + – Englischstunde macht sie Mathematikaufgaben.

Die Präpositionen mit dem Genitiv:

trotz, wegen, statt, während, außerhalb, innerhalb, oberhalb, unterhalb, diesseits, jenseits, längs, abseits, infolge, inmitten, um ... willen, unweit.

„**trotz**" kann auch mit dem Dativ gebraucht werden.

B: 1. Während **des** Unterrichts arbeiten alle aufmerksam mit.
2. Wir bleiben wegen **des** schlecht**en** Wetter**s** zu Hause.
3. Statt **der** Gabel benutzt er ein Messer.
4. Trotz **der** Kälte trägt sie einen Minirock.
5. Oberhalb **des** Forsthaus**es** stehen hohe Tannenbäume.
6. Innerhalb **der** Altstadt werden die Straßen für den Verkehr gesperrt.
7. Unterhalb **der** Berghütte liegt eine Almwiese.
8. Längs **des** Fluss**es** stehen Weidenbäume.

Die Präpositionen mit dem Genitiv

Setzen Sie die richtigen Artikel ein:

B: 1. Während – (Unterricht) arbeiten alle aufmerksam mit.
2. Wir bleiben wegen – (schlechtes Wetter) zu Hause.
3. Statt – Gabel benutzt er ein Messer.
4. Trotz – Kälte trägt sie einen Minirock.
5. Oberhalb – (Forsthaus) stehen hohe Tannenbäume.
6. Innerhalb – Altstadt werden die Straßen für den Verkehr gesperrt.
7. Unterhalb – Berghütte liegt eine Almwiese.
8. Längs – (Fluß) stehen Weidenbäume.

Die Präpositionen mit dem Dativ oder Akkusativ:

über, auf, in, unter, vor, hinter, an, neben, zwischen

Kontrollfrage **wohin?: Akkusativ — Bewegung**
Kontrollfrage **wo?: Dativ — Ruhe**

B: 1. Das Flugzeug steht **vor der** Halle.
2. Irmgard schwimmt **an das** Ufer.
3. Die Garage ist **hinter dem** Haus.
4. Die Lampe hängt **über dem** Tisch.
5. Heute abend gehen wir **in das (ins)** Kino.
6. Legen Sie die Zeitung **auf den** Tisch!
7. Die Katze liegt **unter dem** Bett.
8. Der Betrunkene setzt sich **neben den** Stuhl.
9. Die große Vase steht **zwischen dem** Schrank und **der** Stehlampe.
10. Bei „Rot“ gehen wir nicht **über die** Straße.

Die Präpositionen mit dem Dativ oder Akkusativ

Setzen Sie die richtigen **Artikel** ein:

B: 1. Das Flugzeug steht vor — Halle.
2. Irmgard schwimmt an — Ufer.
3. Die Garage ist hinter — Haus.
4. Die Lampe hängt über — Tisch.
5. Heute abend gehen wir in — Kino.
6. Legen Sie die Zeitung auf — Tisch!
7. Die Katze liegt unter — Bett.
8. Der Betrunkene setzt sich neben — Stuhl.
9. Die große Vase steht zwischen — Schrank und — Stehlampe.
10. Bei „Rot“ gehen wir nicht über — Straße.

Die Präpositionen mit dem Akkusativ:

durch, für, gegen, ohne, um

B: 1. Die Mönche sitzen **um den** Tisch und beten.
2. Er kommt wieder **ohne die** Aufgaben zu dem Unterricht.
3. Dieter kauft einen Ring **für die (seine)** Freundin.
4. Das Auto stößt **gegen die** Mauer.
5. Die Familie wandert **durch den** Wald.
6. Er läuft **gegen den** Weltmeister.
7. Hast du Knöpfe **für das** Kleid?
8. Die Straße führt **um die** Stadt.

Die Präpositionen mit dem Akkusativ

Setzen Sie die richtigen **Artikel** ein:

B: 1. Die Mönche sitzen um — Tisch und beten.
2. Er kommt wieder ohne — Aufgaben zu dem Unterricht.
3. Dieter kauft einen Ring für — Freundin.
4. Das Auto stößt gegen — Mauer.
5. Die Familie wandert durch — Wald.
6. Er läuft gegen — Weltmeister.
7. Hast du Knöpfe für — Kleid?
8. Die Straße führt um — Stadt.

Die Präpositionen mit dem Dativ:

mit, nach, von, seit, aus, zu, bei, gegenüber

B: 1. **Nach dem** Essen rauche ich oft eine Zigarette.
2. Das Buch hat er **von der** Bibliothek.
3. Der Student fährt **mit dem** Fahrrad **zu der** Universität. **(zu der = zur)**
4. Ali Teksel lernt **seit zwei** Jahren Deutsch.
5. **Nach der** Vorstellung strömen die Leute **aus dem** Theater.
6. Gerda wohnt **seit vier** Wochen **bei dem** Onkel.
7. Wir wohnen **gegenüber dem** Bahnhof.
8. **Zu diesem** Käse trinkt man Rotwein.

Die Präpositionen mit dem Dativ

Setzen Sie die richtigen **Artikel** ein:

B: 1. Nach – Essen rauche ich oft eine Zigarette.
2. Das Buch hat er von – Bibliothek.
3. Der Student fährt mit – Fahrrad zu – Universität.
4. Ali Teksel lernt seit zwei Jahr— Deutsch.
5. Nach – Vorstellung strömen die Leute aus – Theater.
6. Gerda wohnt seit vier Woche– bei – Onkel.
7. Wir wohnen gegenüber – Bahnhof.
8. Zu dies— Käse trinkt man Rotwein.

B: 1. Es ist zwölf Uhr fünfzehn. Es ist Viertel nach zwölf. Es ist Viertel eins.
2. Es ist neun Uhr fünf. Es ist fünf nach neun.
3. Es ist elf Uhr fünfundvierzig. Es ist Viertel vor zwölf. Es ist Dreiviertel zwölf.
4. Es ist zwanzig Uhr fünfundzwanzig. Es ist fünfundzwanzig nach acht. Es ist fünf vor halb neun.
5. Es ist null Uhr vier. Es ist vier nach zwölf.
6. Es ist achtzehn Uhr dreißig. Es ist halb sieben.
7. Es ist sechs Uhr fünfundfünfzig. Es ist fünf vor sieben.
8. Es ist vierzehn Uhr drei. Es ist drei nach zwei.

Die Uhrzeit

Lesen Sie folgende Uhrzeiten! Wie spricht der **Rundfunksprecher?** Wie spricht der **Mann** auf der **Straße?**

B: 1. 12.15	2. 9.05	3. 11.45
4. 20.25	5. 0.04	6. 18.30
7. 6.55	8. 14.03	

Substantive mit dem Artikel „das“:

Nominativ:	**das** Tier	**die** Tiere	**wer?**	**was?**
Genitiv:	**des** Tieres	**der** Tiere	**wessen?**	
Dativ:	**dem** Tier	**den** Tier**en**	**wem?**	
Akkusativ:	**das** Tier	**die** Tiere	**wen?**	**was?**

B: 1. Der Herr braucht **das (ein)** Rasiermesser.
2. Diese Firma erneuert **das** Dach **des** Hauses.
3. **Das** Licht brennt nur schwach.
4. **Das** Ehepaar kauft **ein** Schlafzimmer.
5. Der Bauer gibt **den** Tier**en** Futter.
6. Im Herbst ist **das** Obst reif.
7. Am Wochenende sind **die** Ämter geschlossen.
8. Die Düngung **der** Felder ist sehr wichtig.

Die Deklination (Zusammenfassung)

Ergänzen Sie:

B: 1. Der Herr braucht – Rasiermesser.
2. Diese Firma erneuert – Dach – Hauses.
3. – Licht brennt nur schwach.
4. – Ehepaar kauft – Schlafzimmer.
5. Der Bauer gibt – Tieren Futter.
6. Im Herbst ist – Obst reif.
7. Am Wochenende sind – Ämter geschlossen.
8. Die Düngung – Felder ist sehr wichtig.

Substantive mit dem Artikel „die“:

Nominativ:	**die** Frau	**die** Frauen	**wer?**	**was?**
Genitiv:	**der** Frau	**der** Frauen	**wessen?**	
Dativ:	**der** Frau	**den** Frauen	**wem?**	
Akkusativ:	**die** Frau	**die** Frauen	**wen?**	**was?**

B: 1. Das Kind mag **die** Süßspeise nicht.
2. Haben Sie **eine** Taschenlampe?
3. **Die** Verkäuferin zeigt **der** Dame **die** Unterwäsche.
4. **Die** Großmutter ißt **die** Brotkruste nicht.
5. Wann beginnt **die** Schule?
6. Die Zeiger **der** Uhr bewegen sich nicht.
7. Wie lange dauert **die** Reise?
8. **Die** Schwester hilft **der** alten Frau.

Die Deklination (Zusammenfassung)

Ergänzen Sie:

B: 1. Das Kind mag — Süßspeise nicht.
2. Haben Sie ein– Taschenlampe?
3. — Verkäuferin zeigt — Dame — Unterwäsche.
4. — Großmutter ißt — Brotkruste nicht.
5. Wann beginnt — Schule?
6. Die Zeiger — Uhr bewegen sich nicht.
7. Wie lange dauert — Reise?
8. — Schwester hilft — alten Frau.

Substantive mit dem Artikel „der“:

Nominativ:	**der** Mann	**die** Männer	**wer?**	**was?**
Genitiv:	**des** Mannes	**der** Männer	**wessen?**	
Dativ:	**dem** Mann	**den** Männern	**wem?**	
Akkusativ:	**den** Mann	**die** Männer	**wen?**	**was?**

B: 1. Der Fleischer öffnet die Tür **des** Kühlraumes.
2. **Der** Arzt verschreibt **dem** Kranken die Medizin.
3. **Der** Gast bestellt ein**en** Kalbsbraten.
4. **Der** Vater bringt **dem** Apotheker das Rezept.
5. Am Abend begegne ich kein**em** Menschen.
6. Hast du ein**en** Taschenkalender?
7. Frau Singer kauft ein**en** Strauß Blumen.
8. Die Mutter erzählt de**n** Junge**n** eine Geschichte.

Anmerkung: Einige **Substantive** werden **schwach** dekliniert: **der** Junge, **des** Junge**n**, **dem** Junge**n**, **den** Junge**n** (der Soldat, der Student, der Architekt, der Beamte, der Bauer, der Nachbar, der Hase, der Pilot u.a.)

Die Deklination (Zusammenfassung)

Ergänzen Sie:

B: 1. Der Fleischer öffnet die Tür – Kühlraumes.
2. – Arzt verschreibt – Kranken die Medizin.
3. – Gast bestellt ein— Kalbsbraten.
4. – Vater bringt – Apotheker das Rezept.
5. Am Abend begegne ich kein— Menschen.
6. Hast du ein— Taschenkalender?
7. Frau Singer kauft ein— Strauß Blumen.
8. Die Mutter erzählt – Junge– eine Geschichte. (Plural!)

Die Fragepronomen zu den vier Fällen:

Nominativ:	**wer?**	**was?**	(Sachen)
Genitiv:	**wessen?**		
Dativ:	**wem?**		
Akkusativ:	**wen?**	**was?**	(Sachen)

B: 1. **Wer** kommt um 11.30 Uhr in München an?
2. **Wessen** Auto steht dort drüben?
3. **Wem** gibt der Beamte die Fahrkarte?
4. **Was** reicht die Stewardeß den Passagieren?
5. **Wessen** Tasche liegt hier?
6. **Wem** gehört der Schmuck?
7. **Was** ist blau?
8. **Was** sucht die Polizei?

Die Fragepronomen zu den vier Fällen

Fragen Sie nach den unterstrichenen **Substantiven:**

B: 1. **Der Onkel** kommt um 11.30 Uhr in München an.
2. Das Auto **des Baumeisters** steht dort drüben.
3. Der Beamte gibt **dem Reisenden** die Fahrkarte.
4. Die Stewardeß reicht den Passagieren **die Getränke.**
5. Die Tasche **der Dame** liegt hier.
6. Der Schmuck gehört **der Sängerin.**
7. **Der Bleistift und der Füller** sind blau.
8. Die Polizei sucht **die Mordwaffe.**

Der Genitiv:

der Hut **des** Mannes	die Hüte **der** Männer
der Hut **der** Frau	die Hüte **der** Frauen
der Hut **des** Mädchens	die Hüte **der** Mädchen

B: 1. Dort liegt **der Hut der Dame.**
2. Das ist **das Zimmer des Arztes.**
3. **Das Haus des Schreinermeisters** ist abgebrannt.
4. Dort liegen **die Uhren der Sportlehrer.**
5. **Das Geschäft des Lebensmittelhändlers** geht nicht gut.
6. **Das Wörterbuch des Engländers** ist zerrissen.
7. **Der Hund der Nachbarin** stiehlt Fleisch.
8. Hier liegt **die Pistole des Bankräubers.**

Der Genitiv

Beantworten Sie folgende Fragen:

B: 1. Wessen Hut liegt dort? (Dame)
2. Wessen Zimmer ist das? (Arzt)
3. Wessen Haus ist abgebrannt? (Schreinermeister)
4. Wessen Uhren liegen dort? (Sportlehrer)
5. Wessen Geschäft geht nicht gut? (Lebensmittelhändler)
6. Wessen Wörterbuch ist zerrissen? (Engländer)
7. Wessen Hund stiehlt Fleisch? (Nachbarin)
8. Wessen Pistole liegt hier? (Bankräuber)

Dativ- und Akkusativobjekte und ihre Personalpronomen:

Hat ein Satz ein **Dativ-** und ein **Akkusativobjekt,** so steht das **Dativobjekt** immer **vor** dem **Akkusativobjekt.** Wird aber für das **Akkusativobjekt** ein **Personalpronomen** gesetzt, so muß es **vor** das **Dativobjekt** gestellt werden.

B: 1. Der Kaufmann gibt **sie ihm.**
2. Der Polizeibeamte zeigt **ihn ihm** (dem Ausländer).
3. Der Verliebte schenkt **sie ihr.**
4. Der Kellner bringt **sie ihnen.**
5. Der Sohn holt **sie ihm.**
6. Sepp schreibt **ihn ihr.**
7. Der Ingenieur erklärt **sie ihm.**
8. Der Abteilungsleiter diktiert **sie ihr.**

Dativ- und Akkusativobjekte und ihre Personalpronomen

Verwenden Sie für die **Dativ-** und **Akkusativobjekte Personalpronomen:**

B: 1. Der Kaufmann gibt dem Kunden die Ware.
2. Der Polizeibeamte zeigt dem Ausländer den Weg.
3. Der Verliebte schenkt der Freundin Blumen.
4. Der Kellner bringt den Gästen die Suppe.
5. Der Sohn holt dem Vater die Zeitung.
6. Sepp schreibt der Tante einen Brief.
7. Der Ingenieur erklärt dem Lehrling die Aufgabe.
8. Der Abteilungsleiter diktiert der Sekretärin einige Sätze.

Die Personalpronomen im Dativ:

Ich danke ih**m** (de**m** Mann).	Ich danke ih**nen** (de**n** Männer**n**).
Ich danke ih**r** (de**r** Frau).	Ich danke ih**nen** (de**n** Fraue**n**).
Ich danke ih**m** (de**m** Kind).	Ich danke ih**nen** (de**n** Kinder**n**).

B: 1. Begegnest du **ihm** sehr oft?
2. Das Kleid gefällt **ihr** nicht.
3. Der Jugendliche gehorcht **ihm** nicht.
4. Giftstoffe schaden **ihr.**
5. Wie geht es **ihnen**?
6. Der Manager befiehlt **ihnen.**
7. Der Jäger folgt **ihm.**
8. Wir helfen **ihnen.**

Die Personalpronomen im Dativ

Verwenden Sie für den Dativ die Personalpronomen:

B: 1. Begegnest du sehr oft dem Chef?
2. Das Kleid gefällt der Schwester nicht.
3. Der Jugendliche gehorcht dem Vater nicht.
4. Giftstoffe schaden der Menschheit.
5. Wie geht es den Gästen?
6. Der Manager befiehlt den Angestellten.
7. Der Jäger folgt dem Wildschwein.
8. Wir helfen den Hungernden.

Der Dativ:

Ich danke de**m** Mann.	Ich danke de**n** Männer**n**.
Ich danke de**r** Frau.	Ich danke de**n** Frau**en**.
Ich danke de**m** Kind.	Ich danke de**n** Kinder**n**.

Kontrollfragewort: **wem?**

B: 1. Der Direktor antwortet **dem** Vertreter.
2. Das Geburtstagskind dankt **der** Freundin.
3. Der Arzt hilft **dem** Kind.
4. Das Polizeiboot folgt **den** Schmuggler**n**.
5. Der Offizier befiehlt **der** Mannschaft.
6. Das Unwetter schadet **der** Ernte.
7. Der Film gefällt **den** Besucher**n** nicht.
8. Wie geht es **den (dem)** Schwerverletzte**n**?
9. Jeden Tag begegne ich **der** Filmschauspielerin.
10. Das Kind gehorcht **den** Elter**n** nicht.

Der Dativ

Setzen Sie die richtigen **Artikel** ein:

B: 1. Der Direktor antwortet – Vertreter.
2. Das Geburtstagskind dankt – Freundin.
3. Der Arzt hilft – Kind.
4. Das Polizeiboot folgt – Schmugglern.
5. Der Offizier befiehlt – Mannschaft.
6. Das Unwetter schadet – Ernte.
7. Der Film gefällt – Besuchern nicht.
8. Wie geht es – Schwerverletzten?
9. Jeden Tag begegne ich – Filmschauspielerin.
10. Das Kind gehorcht – Eltern nicht.

Die Personalpronomen im Akkusativ:

(ich)	**mich**		(wir)	**uns**	
(du)	**dich**		(ihr)	**euch**	
(er)	**ihn**	(den Mann)	(sie)	**sie**	(die Tiere)
(sie)	**sie**	(die Frau)			
(es)	**es**	(das Kind)			

Kontrollfrage: wen? oder **was?**

B: 1. Mein Freund Erich ruft **mich** täglich an.
2. Inge findet **sie** nicht.
3. Der Sportlehrer lobt **ihn.**
4. Der Fremde fragt **dich.**
5. Die Bedienung bringt **es.**
6. Die Kameraden besuchen **uns.**
7. Herr Wild bezahlt **sie.**
8. Ihr seid sehr laut; alle Leute hören **euch.**

Die Personalpronomen im Akkusativ

Schreiben Sie die Sätze noch einmal! Setzen Sie den **Akkusativ der Personalpronomen** ein:

B: 1. Mein Freund Erich ruft (ich) täglich an.
2. Inge findet (die Handtasche) nicht.
3. Der Sportlehrer lobt (den Handballspieler).
4. Der Fremde fragt (du).
5. Die Bedienung bringt (ein Glas Bier).
6. Die Kameraden besuchen (wir).
7. Herr Wild bezahlt (die Rechnungen).
8. Ihr seid sehr laut; alle Leute hören (ihr).

Die Konjugation des Hilfsverbs „haben“:

ich **habe**	wir **haben**	**Nach „haben“** steht der **Akkusativ.**
du **hast**	ihr **habt**	
er / sie / es } **hat**	sie **haben**	
	Sie **haben**	

B: 1. Der junge Mann **hat kein** Geld.
2. Ich **habe einen** Schraubenzieher.
3. **Haben** Sie Feuer?
4. **Habt** ihr **die** Bälle?
5. Wir **haben die** Deutschbücher nicht dabei.
6. Du **hast einen** Fehler.
7. Die Frau **hat keinen** Mantel.
8. Das Haus **hat keinen** Schornstein.

Das Hilfsverb „haben" + Akkusativ

Setzen Sie die richtigen Formen des Hilfsverbs „haben" ein und achten Sie auf den richtigen Gebrauch der Artikel:

B: 1. Der junge Mann – kein Geld.
2. Ich – ein– Schraubenzieher.
3. – Sie – Feuer?
4. – ihr d— Bälle?
5. Wir – d— Deutschbücher nicht dabei.
6. Du – ein— Fehler.
7. Die Frau – kein— Mantel.
8. Das Haus – kein— Schornstein.

Einige Verben haben in der **zweiten** und **dritten Person Singular unregelmäßige Formen:**

ich	esse	wir	essen
du	**ißt**	ihr	eßt
er		sie	essen
sie	**ißt**	Sie	essen
es			

lesen	**(liest)**
sehen	**(siehst, sieht)**
sprechen	**(sprichst, spricht)**
nehmen	**(nimmst, nimmt)**
fressen	**(frißt)**
fahren	**(fährst, fährt)**
laufen	**(läufst, läuft)**

Die **Imperativform** wird von der **zweiten Person Singular** abgeleitet: **iß! wirf! sprich! nimm! gib! sieh!**

B: 1. **Ißt** du diese Suppe?
2. Das Pferd **frißt** gerne Hafer.
3. **Liest** du das Buch noch einmal?
4. Der Sportler **wirft** den Speer 78 m weit.
5. Der Sprinter **läuft** die 100 m in 10,1 sec.
6. **Nimm** den Bleistift und schreibe!
7. Der Autobus **fährt** sehr langsam.
8. Der Student **spricht** fließend Deutsch.

Die Konjugation unregelmäßiger Verben

Setzen Sie die richtigen **Verbformen** ein:

B: 1. (essen) du diese Suppe?
2. Das Pferd (fressen) gerne Hafer.
3. (lesen) du das Buch noch einmal?
4. Der Sportler (werfen) den Speer 78 m weit.
5. Der Sprinter (laufen) die 100 m in 10,1 sec.
6. (nehmen) den Bleistift und schreibe!
7. Der Autobus (fahren) sehr langsam.
8. Der Student (sprechen) fließend Deutsch.

Die Personalpronomen im Nominativ:

	ich			**wir**
	du			**ihr**
(der Mann)	**er**	die Männer	}	**sie**
(die Frau)	**sie**	die Frauen	}	**sie**
(das Kind)	**es**	die Kinder	}	**sie**

Die Höflichkeitsform: **Sie**

B: 1. **Ich** spiele Fußball und Handball.
2. Schreibt **ihr** keine Briefe? (Schreibt **er, sie, es**...)
3. Frau Müller ist zu Hause; **sie** kocht.
4. **Wir** malen Bilder. (**Sie** malen...)
5. Herr Kanzog ist im Büro; **er** rechnet.
6. Essen **Sie** gerne Schweinebraten?
7. Das Huhn gackert; **es** legt ein Ei.
8. Suchst **du** den Hut und den Schirm?

Die Personalpronomen im Nominativ

Setzen Sie die Personalpronomen ein:

B: 1. — spiele Fußball und Handball.
2. Schreibt — keine Briefe?
3. Frau Müller ist zu Hause; — kocht.
4. — malen Bilder.
5. Herr Kanzog ist im Büro; — rechnet.
6. Essen — gerne Schweinebraten?
7. Das Huhn gackert; — legt ein Ei.
8. Suchst — den Hut und den Schirm?

Die Konjugation / das Präsens:

	ich	trinke		wir trinken	trinkst du?
	du	trinkst		ihr trinkt	trinkt ihr?
(der Mann)	er	trinkt	(die Männer)	sie trinken	trinken Sie?
(die Frau)	sie	trinkt	(die Frauen)		
(das Kind)	es	trinkt	(die Kinder)		

B: 1. Frau Schmidt trinkt eine Tasse Tee.
2. Ich brauche keinen Bleistift.
3. Wir schreiben einen Aufsatz.
4. Herr Bauer erzählt eine Geschichte.
5. Kaufst du ein Paar Schuhe?
6. Antwortet ihr immer richtig?
7. Gehen Sie heute ins Theater?
8. Das Kind bleibt zu Hause.

Die Konjugation / das Präsens:

Ergänzen Sie die Endungen:

B: 1. Frau Schmidt trink– eine Tasse Tee.
2. Ich brauch– keinen Bleistift.
3. Wir schreib– einen Aufsatz.
4. Herr Bauer erzähl– eine Geschichte.
5. Kauf– du ein Paar Schuhe?
6. Antwort– ihr immer richtig?
7. Geh– Sie heute ins Theater?
8. Das Kind bleib– zu Hause.

„aber", „denn", „sondern"

„denn" — Begründung **„aber" — Einschränkung**
„sondern" — Gegenteil

B: 1. Wir sind nicht krank, **sondern** gesund.
2. Die Mutter wäscht die Hemden, **denn** sie sind schmutzig.
3. Der Vater ruft den Jungen, **aber** er kommt nicht.
4. Ich bin nicht dick, **sondern** schlank.
5. Der Briefträger kommt, **aber** er hat keine Post.
6. Ernst bestellt ein Glas Bier, **denn** er hat Durst.
7. Isolde schreibt viele Briefe, **aber** sie bekommt keine Antwort.
8. Das Kleid ist nicht billig, **sondern** teuer.
9. Die Leute tragen Mäntel, **denn** es ist kalt.
10. Der Hausbesitzer ruft die Polizei, **aber** sie kommt nicht.

„aber", „denn", „sondern"

Verbinden Sie die folgenden Sätze mit den richtigen **Bindewörtern:**

B: 1. Wir sind nicht krank. Wir sind gesund.
2. Die Mutter wäscht die Hemden. Sie sind schmutzig.
3. Der Vater ruft den Jungen. Er kommt nicht.
4. Ich bin nicht dick. Ich bin schlank.
5. Der Briefträger kommt. Er hat keine Post.
6. Ernst bestellt ein Glas Bier. Er hat Durst.
7. Isolde schreibt viele Briefe. Sie bekommt keine Antwort.
8. Das Kleid ist nicht billig. Es ist teuer.
9. Die Leute tragen Mäntel. Es ist kalt.
10. Der Hausbesitzer ruft die Polizei. Sie kommt nicht.

Das **Verb** in der **Imperativform** verlangt den **Akkusativ** nach sich.

Der Akkusativ:

der Hund:	de**n** Hund	ein**en** Hund	kein**en** Hund	die Hunde
die Kuh:	die Kuh	eine Kuh	keine Kuh	die Kühe
das Huhn:	das Huhn	**ein** Huhn	**kein** Huhn	die Hühner

Das Fragepronomen im Akkusativ heißt **wen?** für Personen
und **was?** für Sachen.

B: 1. Herr Ober, bringen Sie bitte **einen (den)** Kaffee!
2. Fräulein Huber, rufen Sie **ein** Taxi!
3. Hans, zeige bitte **das** Wort!
4. Schreiben Sie **die** Zahl!
5. Geben Sie mir bitte **eine** Zigarre!
6. Ilse bringt **keinen** Hut, sondern **eine** Mütze.
7. Der Schüler schreibt **keinen** Satz, sondern **ein** Wort.
8. Gunda bekommt **keinen** Brief, sondern **eine** Karte.

Der Akkusativ

Setzen Sie die richtigen **Artikel** ein:

B: 1. Herr Ober, bringen Sie bitte — Kaffee!
2. Fräulein Huber, rufen Sie — Taxi!
3. Hans, zeige bitte — Wort!
4. Schreiben Sie — Zahl!
5. Geben Sie mir bitte — Zigarre!
6. Ilse bringt kein– Hut, sondern ein– Mütze.
7. Der Schüler schreibt kein– Satz, sondern — Wort.
8. Gunda bekommt kein– Brief, sondern ein– Karte.

Der Imperativ:

Singular:	bringen	— bringe! **(bring!)**	**Plural:**	bringt!
	kaufen	— kaufe! **(kauf!)**		kauft!
	sein	— **sei!**		**seid!**

Höflichkeitsform: **bringen Sie!**
kaufen Sie!
seien Sie!

B: 1. **Schließ(e)** die Tür! Schließt die Tür! **Schließen Sie** die Tür!
2. **Bring(e)** die Zigaretten! Bringt die Zigaretten! **Bringen Sie** die Zigaretten!
3. **Hol(e)** die Zeitung! Holt die Zeitung! **Holen Sie** die Zeitung!
4. **Mach(e)** das Bett! Macht das Bett! **Machen Sie** das Bett!
5. **Frag(e)** die Lehrerin! Fragt die Lehrerin! **Fragen Sie** die Lehrerin!
6. **Öffne** die Bücher! Öffnet die Bücher! **Öffnen Sie** die Bücher!
7. **Sei** nicht so laut! **Seid** nicht so laut! **Seien Sie** nicht so laut!
8. **Sei** sparsam! **Seid** sparsam! **Seien Sie** sparsam!

Der Imperativ (die Befehlsform)

Bilden Sie **Imperativsätze** im **Singular, Plural** und in der **Höflichkeitsform:**

B: 1. die Tür schließen
2. die Zigaretten bringen
3. die Zeitung holen
4. das Bett machen
5. die Lehrerin fragen
6. die Bücher öffnen
7. nicht so laut sein
8. sparsam sein

B: 1. Ja, wir **sind** fleißig. Nein, wir **sind** nicht fleißig.
2. Ja, ich **bin** Amerikaner. Nein, ich **bin** kein Amerikaner.
3. Ja, ich **bin** immer müde. Nein, ich **bin** nicht immer müde.
4. Ja, die Filmschauspielerinnen **sind** schön.
Nein, die Filmschauspielerinnen **sind** nicht schön.
5. Ja, der Sportler **ist** fair. Nein, der Sportler **ist** nicht fair.
6. Ja, wir **sind** morgen zu Hause. Nein, wir **sind** morgen nicht zu Hause.
7. Ja, Inge **ist** eine gute Hausfrau. Nein, Inge **ist** keine gute Hausfrau.
8. Ja, wir **sind** aus Italien. Nein, wir **sind** nicht aus Italien.
9. Ja, ich **bin** sehr stark. Nein, ich **bin** nicht sehr stark.
10. Ja, das Kind **ist** in der Schule. Nein, das Kind **ist** nicht in der Schule.

Das Hilfsverb „sein"

Antworten Sie: (Ja, ...; Nein, ...)

B: 1. Seid ihr fleißig?
2. Sind Sie Amerikaner?
3. Bist du immer müde?
4. Sind die Filmschauspielerinnen schön?
5. Ist der Sportler fair?
6. Seid Ihr morgen zu Hause?
7. Ist Inge eine gute Hausfrau?
8. Seid ihr aus Italien?
9. Bist du sehr stark?
10. Ist das Kind in der Schule?

Die Konjugation des Hilfsverbs „sein“:

ich	**bin**	wir	**sind**
du	**bist**	ihr	**seid**
er (der Herr)	**ist**	sie	**sind**
sie (die Dame)	**ist**	Sie	**sind**
es (das Kind)	**ist**		

B: 1. Wir **sind** Studenten, ihr **seid** keine Studenten.
2. Dieser Mann **ist** Lokomotivführer.
3. Ich **bin** nicht sehr fleißig.
4. Diese Dame **ist** Sekretärin.
5. **Bist** du Fußballspieler?
6. Dieses Kind **ist** schon lange krank.
7. **Sind** Sie aus Griechenland?
8. **Seid** ihr aus Afrika?

Das Hilfsverb „sein"

Setzen Sie die richtige Form des Hilfsverbs „sein" ein:

B: 1. Wir – Studenten, ihr – keine Studenten.
2. Dieser Mann – Lokomotivführer.
3. Ich – nicht sehr fleißig.
4. Diese Dame – Sekretärin.
5. – du Fußballspieler?
6. Dieses Kind – schon lange krank.
7. – Sie aus Griechenland?
8. – ihr aus Afrika?

„ja", „nein":

Ist der Tisch braun?	**Ja,** der Tisch ist braun.
Ist der Tisch weiß?	**Nein,** der Tisch ist **nicht** weiß, sondern braun.

„doch":

Ist Fritz **kein** Schüler?	**Doch,** Fritz ist ein Schüler.
Ist Elke **nicht** fleißig?	**Doch,** Elke ist fleißig.

Entscheidungsfragen werden mit **„ja"** oder **„nein"** beantwortet. Beinhaltet die Frage jedoch eine **Verneinung** (Negation), so antworten wir anstatt „ja" mit **„doch"**.

B: 1. **Nein,** die Wand ist **nicht** weiß, sondern grün.
2. **Ja,** der Junge schreibt.
3. **Doch,** Helmut ist hier.
4. **Nein,** der Stuhl ist **nicht** neu, sondern alt.
5. **Nein,** Ursula spielt **nicht** Klavier.
6. **Doch,** Peter lernt fleißig.
7. **Doch,** Ernst ist ein Junge.
8. **Doch,** das Wort „klein" ist ein Adjektiv.

„ja“, „nein“, „doch“

Antworten Sie auf die folgenden Fragen:

B: 1. Ist die Wand weiß? (grün)
2. Schreibt der Junge? (schreibt)
3. Ist Helmut nicht hier? (ist hier)
4. Ist der Stuhl neu? (alt)
5. Spielt Ursula Klavier? (spielt nicht)
6. Lernt Peter nicht fleißig? (lernt fleißig)
7. Ist Ernst kein Junge? (Junge)
8. Ist das Wort „klein“ kein Adjektiv? (Adjektiv)

„nicht“:	Hans ist groß. Hans ist **nicht** groß. Ute schreibt. Ute schreibt **nicht.**
„kein“, „keine“:	Inge ist **ein** Mädchen. Franz ist **kein** Mädchen. Elsa ist **eine** Schülerin. Gert ist **keine** Schülerin.

der, ein, kein	das, ein, kein
die, eine, keine	

B: 1. Der Mensch ist **kein** Tier.
2. Der Baum ist **nicht** klein.
3. Herr Müller ist **keine** Frau.
4. Die Direktorin ist **kein** Mann.
5. Erich ist **nicht** alt, er ist jung.
6. Das Wort „singen“ ist **kein** Substantiv.
7. Das Mädchen ist noch **keine** Dame.
8. Das Lesestück ist **nicht** lang, sondern kurz.

Setzen Sie ein: **„nicht", „kein", „keine".**

B: 1. Der Mensch ist — Tier.
2. Der Baum ist — klein.
3. Herr Müller ist — Frau.
4. Die Direktorin ist — Mann.
5. Erich ist — alt, er ist jung.
6. Das Wort „singen" ist — Substantiv.
7. Das Mädchen ist noch — Dame.
8. Das Lesestück ist — lang, sondern kurz.

Singular: **Der** Mann **arbeitet.**
Das Haus **ist** neu.

Plural: **Die** Männer **arbeiten.**
Die Häuser **sind** neu.

Lernen Sie neue **Substantive** immer mit den **Artikeln** und **Pluralformen!**

B:
1. Der Lehrer **kommt.**
2. Die Schüler **schreiben.**
3. Hans und Elisabeth **lesen.**
4. Fritz **ist** groß.
5. Die Bilder **sind** schön.
6. Erich **antwortet** falsch.
7. Die Fenster **sind** geschlossen.
8. Das Wort **ist** richtig.
9. Der Mathematiklehrer **rechnet.**
10. Die Kinder **grüßen.**

Singular oder Plural?

B: 1. Der Lehrer (kommen).
2. Die Schüler (schreiben).
3. Hans und Elisabeth (lesen).
4. Fritz (sein) groß.
5. Die Bilder (sein) schön.
6. Erich (antworten) falsch.
7. Die Fenster (sein) geschlossen.
8. Das Wort (sein) richtig.
9. Der Mathematiklehrer (rechnen).
10. Die Kinder (grüßen).

Der **bestimmte** Artikel		Der **unbestimmte** Artikel
Singular	**der** Baum	**ein** Baum
	die Tafel	**eine** Tafel
	das Haus	**ein** Haus
Plural	**die** Kinder	— Kinder

Die Artikel bezeichnen **keine natürlichen Geschlechter,** sondern nur **grammatische Geschlechter. Lernen Sie** ein neues **Substantiv** immer mit dem **Artikel! Substantive** werden **groß** geschrieben.

B: 1. **Der** Schrank ist groß.
2. **Das (die)** Fenster und **die** Tür sind offen.
3. **Der** Bleistift und **der (die)** Füller sind schwarz.
4. Hier ist **ein** Ball.
5. Dort sind **ein** Heft und **eine** Mappe.
6. Paul ist **ein** Junge.
7. Helga und Erika sind Mädchen.
8. Das ist **ein** Radiergummi.

Bestimmter und unbestimmter Artikel

Setzen Sie die **richtigen Artikel** ein:

B*: 1. — Schrank ist groß.
2. — Fenster und — Tür sind offen.
3. — Bleistift und — Füller sind schwarz.
4. Hier ist — Ball.
5. Dort sind — Heft und — Mappe.
6. Paul ist — Junge.
7. Helga und Erika sind — Mädchen.
8. Das ist — Radiergummi.

---

* **B** = Beispiele

Sachregister

(*Die Zahlen bezeichnen die einzelnen Karten.*)

Gliedsätze

Der Konzessivsatz („obwohl“ — „obschon“ — „obgleich“)

Bilden Sie Gliedsätze:

B: 1. Trotz der Größe der Fabrikhalle ist die Luft darin sehr verbraucht.
2. Trotz des Rauches und Staubes im Ruhrgebiet wollen viele Leute dort arbeiten.
3. Die Rätsel waren nicht schwer; trotzdem konnten sie nicht gelöst werden.
4. Die Arbeiter verdienen ganz gut; trotzdem stellen sie neue Lohnforderungen.
5. Es schneit heftig; trotzdem gehen wir spazieren.
6. Es ist verboten; trotzdem wird in der Garage geraucht.
7. Trotz des guten Spieles hat die Mannschaft verloren.
8. Trotz der Kälte gingen die Kinder ohne Kopfbedeckung hinaus.

Der Konzessivsatz („obwohl“ — „obschon“ — „obgleich“):

Die Konjunktion **„obwohl“** leitet einen Nebensatz ein, dessen Aussage einen einschränkenden Gegengrund zum Hauptsatz angibt.

B:
1. **Obwohl** die Fabrikhalle groß ist, ist die Luft darin sehr verbraucht.
2. **Obschon** das Ruhrgebiet rauchig und staubig ist, wollen viele Leute dort arbeiten.
3. **Obgleich** die Rätsel nicht schwer waren, konnten sie nicht gelöst werden.
4. **Obwohl** die Arbeiter ganz gut verdienen, stellen sie neue Lohnforderungen.
5. **Obschon** es heftig schneit, gehen wir spazieren.
6. **Obgleich** es verboten ist, wird in der Garage geraucht.
7. **Obgleich** die Mannschaft gut gespielt hat, hat sie verloren.
8. **Obwohl** es kalt war, gingen die Kinder ohne Kopfbedeckung hinaus.

Gliedsätze: Der Konsekutivsatz („daß"-Satz)

Bilden Sie „daß"-Sätze:

B: 1. Das Kind ist ins Wasser gefallen; ich habe es gesehen.
2. Wir sollen einen neuen Direktor bekommen. Hast du das schon gehört?
3. Ich freue mich; du wirst mich besuchen.
4. Er hat es mir versprochen; er gibt mir das Geld zurück.
5. An dieser Kreuzung ist wieder ein Unfall geschehen; ich habe das in der Zeitung gelesen.
6. Die Asche deiner Zigarre fällt auf den Boden. Merkst du das nicht?
7. Inge hat geheiratet. Hast du das gewußt?
8. Du hast mich belogen; das habe ich festgestellt.

Der Konsekutivsatz („daß"-Satz):

Steht der **Nebensatz** für ein **Objekt** im Hauptsatz, so nennen wir solche Sätze **Objektsätze.**

B: 1. Ich habe gesehen, **daß** das Kind ins Wasser gefallen ist.
2. Hast du schon gehört, **daß** wir einen neuen Direktor bekommen sollen?
3. Ich freue mich, **daß** du mich besuchen wirst.
4. Er hat mir versprochen, **daß** er mir das Geld zurückgibt.
5. Ich habe in der Zeitung gelesen, **daß** an dieser Kreuzung wieder ein Unfall geschehen ist.
6. Merkst du nicht, **daß** die Asche deiner Zigarre auf den Boden fällt?
7. Hast du gewußt, **daß** Inge geheiratet hat?
8. Ich habe festgestellt, **daß** du mich belogen hast.

Gliedsätze: Der Konsekutivsatz („daß"-Satz)

Bilden Sie „daß"-Sätze:

B: 1. Ich habe dich beleidigt; es tut mir leid.
2. Otto kommt morgen zu uns; es ist möglich.
3. Karl ist abgereist; es ist schade.
4. Ich werde dir helfen; es ist klar.
5. Ich habe die Bilder vergessen; es ist zu dumm.
6. Wir müssen den Abgeordneten sprechen; es ist wichtig.
7. Die alten Leute interessieren sich nicht für moderne Musik; es ist natürlich.
8. Das soll er getan haben? Es ist unglaublich.

Der Konsekutivsatz („daß"-Satz):

Steht der **Nebensatz** für das **Subjekt** im Hauptsatz, so sprechen wir von einem **Subjektsatz.** Der Hauptsatz beginnt dann mit **„es".**

B: 1. Es tut mir leid, **daß** ich dich beleidigt habe.
2. Es ist möglich, **daß** Otto morgen zu uns kommt.
3. Es ist schade, **daß** Karl abgereist ist.
4. Es ist klar, **daß** ich dir helfen werde.
5. Es ist zu dumm, **daß** ich die Bilder vergessen habe.
6. Es ist wichtig, **daß** wir den Abgeordneten sprechen.
7. Es ist natürlich, **daß** die alten Leute sich nicht für moderne Musik interessieren.
8. Es ist unglaublich, **daß** er das getan haben soll.

Gliedsätze: Der Konsekutivsatz („daß"-Satz)

Bilden Sie „daß"-Sätze mit Präpositionen:

B: 1. Die Katze wartet (auf); Milch bekommen.
2. Frieda ist stolz (auf); sie hat eine gute Arbeit geschrieben.
3. Ich freue mich (auf); ich kann im Gebirge Ski fahren.
4. Wir denken (an); wir müssen morgen zum Gericht gehen.
5. Der Arzt kümmert sich (um); die Kranken werden gut betreut.
6. Ich entschuldige mich (für); ich habe mich unhöflich benommen.
7. Er ärgert sich (über); er hat etwas Dummes gesagt.
8. Wir wunderten uns (über); er bemerkte seine eigenen Fehler nicht.

Der Konsekutivsatz („daß"-Satz):

Verben oder Adjektive mit Präpositionen beenden den Hauptsatz mit: **daran, darüber, darauf, darum, dafür, davon** u.a.

B: 1. Die Katze wartet **darauf,** daß sie Milch bekommt.
2. Frieda ist stolz **darauf,** daß sie eine gute Arbeit geschrieben hat.
3. Ich freue mich **darauf,** daß ich im Gebirge Ski fahren kann.
4. Wir denken **daran,** daß wir morgen zum Gericht gehen müssen.
5. Der Arzt kümmert sich **darum,** daß die Kranken gut betreut werden.
6. Ich entschuldige mich **dafür,** daß ich mich unhöflich benommen habe.
7. Er ärgert sich **darüber,** daß er etwas Dummes gesagt hat.
8. Wir wunderten uns **darüber,** daß er seine eigenen Fehler nicht bemerkte.

Gliedsätze: „ohne daß“

Bilden Sie Gliedsätze! Verwenden Sie **„ohne daß“** oder **„ohne...zu“:**

B: 1. Er kommt herein; er klopft nicht an.
2. Ich gehe ins Bett; ich bin nicht müde.
3. Sie schreibt einen Brief; sie denkt nicht nach.
4. Ich bin ins Zimmer gekommen; du hast mich nicht bemerkt.
5. Wir sind zwei Stunden im Kaufhaus geblieben; wir haben nichts gekauft.
6. Herr Heller ging an mir vorbei; ich sah ihn nicht.
7. Ich benutzte sein Fahrrad; ich fragte ihn nicht.
8. Wir nahmen Bücher aus dem Schrank; er hatte es uns nicht erlaubt.

Gliedsätze: „ohne daß“

Sind die **Subjekte** im Hauptsatz und im Nebensatz **gleich,** so kann man für **„ohne daß“** auch **„ohne“** + **Infinitiv mit „zu“** setzen.

B: 1. Er kommt herein, **ohne** anzuklopfen.
2. Ich gehe ins Bett, **ohne** müde **zu** sein.
3. Sie schreibt einen Brief, **ohne** nachzudenken.
4. Ich bin ins Zimmer gekommen, **ohne daß** du mich bemerkt hast.
5. Wir sind zwei Stunden im Kaufhaus geblieben, **ohne** etwas gekauft **zu** haben.
6. Herr Heller ging an mir vorbei, **ohne daß** ich ihn sah.
7. Ich benutzte sein Fahrrad, **ohne** ihn **zu** fragen.
8. Wir nahmen Bücher aus dem Schrank, **ohne daß** er es uns erlaubt hatte.

Gliedsätze

Der verkürzte Nebensatz mit dem Infinitiv mit „zu“

Bilden Sie Infinitivsätze:

B:
1. Wir glauben, daß wir noch Theaterkarten bekommen können.
2. Er hofft, daß er das Preisausschreiben gewinnt.
3. Ihr glaubt, daß ihr mit keiner Hilfe rechnen könnt.
4. Es tut mir leid, daß ich dein Buch vergessen habe.
5. Du bezweifelst, daß du einen Fehler begangen hast.
6. Er versucht, daß er die Stelle erhält.
7. Wir rechnen damit, daß wir eine Neubauwohnung bekommen.
8. Es freut mich, daß ich so schnell Deutsch gelernt habe.
9. Darf ich dich bitten, daß du mich heute noch anrufst?
10. Es ist wichtig für ihn, daß er mit dem Betriebsleiter spricht.

Der verkürzte Nebensatz mit dem Infinitiv mit „zu“:

Sind die **Rollen** in beiden Satzteilen **gleich,** so kann der **Infinitiv** mit **zu** verwendet werden.

B:
1. Wir glauben, noch Theaterkarten bekommen **zu** können.
2. Er hofft, das Preisausschreiben **zu** gewinnen.
3. Ihr glaubt, mit keiner Hilfe rechnen **zu** können.
4. Es tut mir leid, dein Buch vergessen **zu** haben.
5. Du bezweifelst, einen Fehler begangen **zu** haben.
6. Er versucht, die Stelle **zu** erhalten.
7. Wir rechnen damit, eine Neubauwohnung **zu** bekommen.
8. Es freut mich, so schnell Deutsch gelernt **zu** haben.
9. Darf ich dich bitten, mich heute noch an**zu**rufen.
10. Es ist wichtig für ihn, mit dem Betriebsleiter **zu** sprechen.

Gliedsätze

Die Endstellung der Verben in Nebensätzen

Vollenden Sie folgende Gliedsätze:

B: 1. Wir sind ins Kino gegangen, weil wir diesen preisgekrönten Film (sehen, wollen, haben).
2. Es tut Manfred leid, daß er uns nicht (haben, anrufen, können).
3. Die Kinder haben sich gewaschen, bevor sie ins Bett (gehen, müssen, haben).
4. Du mußt uns sagen, woher du diese Sache (wissen, können, haben).
5. Ich glaube nicht, daß er den Plan (haben, wollen, stehlen).
6. Ich habe gestern nicht kommen können, weil ich meinem Vater im Garten (arbeiten, helfen, müssen, haben).
7. Der Zirkus ist nicht gekommen, obwohl er Reklame (machen, lassen, haben).
8. Der Mann beteuert, daß er seine Frau nicht (umbringen, haben, wollen).

Die Endstellung der Verben in Nebensätzen:

Häufen sich die Verben in Nebensätzen, so haben sie folgende **Anordnung: Hilfsverb, Hauptverb, Modalverb.**

B: 1. Wir sind ins Kino gegangen, weil wir diesen preisgekrönten Film **haben sehen wollen.**
2. Es tut Manfred leid, daß er uns nicht **hat anrufen können.**
3. Die Kinder haben sich gewaschen, bevor sie ins Bett **haben gehen müssen.**
4. Du mußt uns sagen, woher du diese Sache **hast wissen können.**
5. Ich glaube nicht, daß er den Plan **hat stehlen wollen.**
6. Ich habe gestern nicht kommen können, weil ich meinem Vater im Garten **habe arbeiten helfen müssen.**
7. Der Zirkus ist nicht gekommen, obwohl er Reklame **hat machen lassen.**
8. Der Mann beteuert, daß er seine Frau nicht **hat umbringen wollen.**